INVENTAIRE.
22,344

VALPÊTRE.

PETIT
COURS DE LATINITÉ,
CLASSES DE 9ᵉ ET 8ᵉ,
AVEC LES CORRIGÉS
EN REGARD.
1828.

PETIT
COURS DE LATINITÉ

A L'USAGE DES CLASSES ÉLÉMENTAIRES,

(9me ET 8me.)

AVEC LES CORRIGÉS EN REGARD.

CHEZ LE MÊME LIBRAIRE.

Histoire de France en latin élémentaire, *Historia Franciæ compendiosè disposita, latino sermone donata*, ou Cours de Versions à l'usage des élèves de cinquième et quatrième classes; *in-*12.

Historiæ Græcorum res memorabiles, opus ad usum scholarum adaptatum; denuò recensitum, auctum et notis gallicis illustratum, cum vocabulario latino gallico, accurante N. L. Achaintre; *à l'usage des élèves*; in-12.

Janua linguarum (Comenii), Porte des langues ouverte, *ou* Méthode abrégée, contenue en mille périodes, dans cent chapitres, pour apprendre la langue latine, la langue française et toute autre langue, et en même temps tous les fondemens des sciences et des arts. Nouvelle édition augmentée de mille mots environ, avec une nouvelle Traduction française, et un Vocabulaire très-complet des mots latins; gros *in-*18.

Specimen virtutum, *ou* Nouveau Cours de Versions composé de Traités sur la morale, la religion, etc.; *à l'usage des Cinquième et Quatrième Classes*; in-12.

Statii (P. Papini) opera omnia, latin-français en regard, traduction nouvelle, par M. P. L. Cormiliole; seconde édition, revue et corrigée par l'auteur; *à l'usage des maîtres;* 5 vol. *in-*12.

Les mêmes, *français seul*, sans texte, 2 vol. *in-*12.

Syntaxe latine (introduction à la) pour apprendre aisément à composer en latin, avec des exemples de Thèmes appropriés aux règles de la Syntaxe et un Abrégé de l'Histoire grecque et romaine, *latin français en regard*, par J. C. Clarck : traduit de l'anglais, et augmenté d'un Vocabulaire latin et français; par M. de Wailly; *in-*12.

PETIT
COURS DE LATINITÉ

A L'USAGE DES CLASSES ÉLÉMENTAIRES,

(9me ET 8me),

AVEC LES CORRIGÉS EN REGARD;

Par M. J^{H}. CHANALET-VALPÊTRE,

CHEF D'INSTITUTION, MEMBRE DE LA SOCIÉTÉ GRAMMATICALE DE PARIS.

Peu de théorie, beaucoup de pratique : l'enfance ne saurait comprendre la première; la seconde est pour elle une récréation.

PARIS,

DE L'IMPRIMERIE D'AUG. DELALAIN,

LIBRAIRE-EDIT., rue des Mathurins-St.-Jacques, n°. 5.

1828.

Toute contrefaçon de cet Ouvrage sera poursuivie conformément aux lois.

Toutes mes Editions Classiques sont *stéréotypées* d'après un procédé qui m'est particulier, et d'une supériorité incontestable, sous le rapport de l'exécution, de la correction, etc.; elles sont revêtues de ma griffe.

Auguste Delalain

PETIT COURS DE LATINITÉ,

AVEC LES CORRIGÉS.

PREMIÈRE PARTIE.

Exercices en forme de thèmes et de versions sur les déclinaisons.

DEVOIRS.	CORRIGÉS.
1ᵉʳ Thème	1ᵉʳ Thème
sur la 1ʳᵉ déclinaison.	*sur la 1ʳᵉ déclinaison.*

Le matelot (n.); du poète (g.); au pirate (d.); le cocher (ac.); ô esclave (v.); du ou par le bouffon (ab.). — Les sables (n.); des parricides (g.); aux convives (d.); les chaînes (ac.); ô voûtes (v.); des causes (ab.). — La forêt (n.); des eaux (g.); à la roue (d.); les soupers (ac.); ô palmier (v.); des nœuds (ab.). — Les fables (n.); de la règle (g.); aux gouttes (d.); la tache (ac.); ô herbes (v.); de la colère (ab.); par la lune (ab.).	Nauta; poetæ; piratæ; aurigam; ô verna; scurrâ. — Arenæ; parricidarum; convivis; catenas; ô cameræ; causis. — Sylva; aquarum; rotæ; cœnas; ô palma; nodis. — Fabulæ; normæ; guttis; maculam; ô herbæ; irâ; lunâ.

1ʳᵉ Version	1ʳᵉ Version.
sur la 1ʳᵉ déclinaison.	*sur la 1ʳᵉ déclinaison.*
Luna (n.); nautæ (g.); iræ (d.); piratam (ac.); ô herbas (v.); aurigâ (ab.). — Maculam (n.)	La lune; du matelot; à la colère; le pirate; ô herbe; du co-

CORRIG. DU PETIT COURS DE LAT.   1

DEVOIRS.

vernarum (g.); guttis (d.); fabulas (ac.); ô scurræ (v.); normis (ab.). — Arena (n.), copularum (g.); parricidæ (d.); palmas (ac.); ô conviva (v.); cœnis (ab.). — Catenæ (n.); rosæ (g.); causis (d.); sylvam (ac.); ô aqua (v.); lunis (ab.). — Camerarum (g.); cœnis (d.); normæ (g.); aurigas (ac.).

2ᵉ Thème.

La lune (ac.); des herbes (ab.); à la colère; les gouttes; ô taches (n.); par la sable; à la règle; le nœud (n.); des soupers (g.); du palmier (ab.); aux roues; ô eaux; par les forêts; à la cause (ac.); la voûte; des chaînes (g.); ô convives; par les parricides; le sable (ac.); des bouffons (g.); à l'esclave; du cocher (g.); aux pirates (d.); des poètes (g.).

2ᵉ Version.

Poetis (d.); piratarum; aurigam; vernâ (g.); scurræ; arenas; ô parricidæ; convivis (ab.); catenam; cameras; causarum; sylvâ;

CORRIGÉS.

cher. — Les taches; des esclaves; aux gouttes; les fables; ô bouffons; des règles. — Le sable; des nœuds; au parricide; les palmiers; ô convive; des soupers. Les chaînes; de la rose; aux causes; la forêt; ô eau; des lunes. — Des voûtes; aux soupers; de la règle; les cochers.

2ᵉ Thème.

Lunam; herbis; iræ; guttæ; ô maculæ; fabulâ; normæ; copula; cœnarum; palmâ; rotis; ô aquæ; sylvis; causæ; cameram; catenarum; ô convivæ; parricidis; arenam; scurrarum; vernæ; aurigæ; piratis; poetarum.

2ᵉ Version.

Aux poètes; des pirates; le cocher; de l'esclave; du bouffon; les sables; ô parricides; des convives; la chaîne; les voûtes; des causes; de la forêt;

DE LATINITÉ.

DEVOIRS.

aquam ; ô rotæ ^d.^ ; palmis ; cœnæ ^n.^ ; copulâ ; ô regula ; fabularum ; maculam ; guttâ ; irarum ; herbis ^ab.^ ; lunas ; causis ^d.^ ; aurigarum ^ab.^ ; sylvis.

CORRIGÉS.

l'eau ; ô roues ; des palmiers ; les soupers ; du nœud ; ô règle ; des fables ; la tâche ; de la goutte ; des colères ; des herbes ; les lunes ; aux causes ; des cochers ; des forêts.

3ᵉ Thème.

Le berceau ; aux charmes ; des menaces ; ô cheveux ; de Syracuse ; à Versailles ; d'Athènes ; ô bagatelles ; au marché ; des paupières ; le bain ; les ténèbres ; au berceau ; du marché ; ô Syracuse ; aux bagatelles ; les menaces.

3ᵉ Thème.

Cunæ ; illecebris ; minarum ; ô tricæ ; Syracusarum ; Versaliis ; Athenarum ; ô nugæ ; nundinis ; palpebrarum ; thermæ ; tenebræ ; cunis ; nundinarum ; ô Syracusæ ; nugis ; minas.

3ᵉ Version.

Minis ; nugarum ; Syracusis ; nundinæ ; cunas ; tenebrarum ; thermæ ; ô palpebræ ; nundinis ; nugarum ; Athenis ; Versaliarum ; Syracusas ; ô tricæ ; minis ; illecebrarum ; ô cunæ ; Syracusarum ; tenebris ; ô minæ.

3ᵉ Version.

Des menaces ; des bagatelles ; à Syracuse ; le marché ; le berceau ; des ténèbres ; le bain ; ô paupières ; au marché ; des bagatelles ; à Athènes ; de Versailles ; Syracuse ; ô cheveux ; aux menaces ; des charmes ; ô berceau ; de Syracuse ; aux ténèbres ; ô menaces.

4ᵉ Thème.

Les ânes ; aux esclaves ; par les filles ; des ânesses ; aux mules ; par les déesses ; ô affranchie ; des servantes ; les filles ; aux jumens ; d'Enée ; ô Borée ; à André ; la tiare ; de la grammaire ; la physique ; ô abrégé ^ac.^ ; à la rhétorique ; de Cybèle ; Josué ; du géomètre ; Achille ; à Hercule ; le lecteur.

4ᵉ Thème.

Animæ ; famulabus ; filiabus ; asinarum ; mulabus ; deabus ; ô liberta ; servarum ; natæ ; equabus ; Æneæ ; ô Boreas ; Andreæ ; tiaram ; grammatices ; physicen ; ô epitome ; rhetoricæ ; Cybele ; Josuen ; geometræ ; Pelides ; Alcidæ ^ac.^ ; anagnosten.

PETIT COURS

DEVOIRS.

4° Version.

Animabus; anagnostæ; servarum; Alciden; asinabus; natæ; deæ; mularum; famulabus; libertæ; ô nata; equam; Boreas; Æneam; tiaræ; Andreâ; epitome; physices; gramaticen; geometres; filiabus; dearum; asinæ; servæ; natabus; famularum; libertâ; Pelidæ; anagnosten; grammatices.

CORRIGÉS.

4° Version.

Aux âmes; du lecteur; des esclaves; Hercule; aux ânesses; les filles; de la déesse; des mules; aux servantes; à l'affranchie; ô fille; la jument; Borée; Énée; à la tiare; d'André; l'abrégé; de la physique; la grammaire; le géomètre; aux filles; des déesses; à l'ânesse; à l'esclave; des filles; des servantes; par l'affranchie; d'Achille; le lecteur; de la grammaires.

Exercices sur la 2ᵉ déclinaison.

1ᵉʳ Thème.

O ruisseau; du jardin; les boucs; l'âne; aux rayons; par le glaive; les yeux; à l'année; des figuiers; ô coqs; de l'aïeul; au bâton; des peuples; ô loups; la fumée; à la manière; des portefaix; les chevaux; du bourg; par les maladies; aux roseaux; les ruses; aux yeux; ô murs; du chameau; au doigt; des messagers; par le nombre des nids; la nourriture; des champs; les peupliers; aux armes; des figuiers; par les cèdres; le hêtre; ô laurier; aux pommiers; ô aulne.

1ᵉʳ Thème.

O rive; horti; hirci; asinum; radiis; gladio; oculi; anno; ficorum; ô galli; avo; baculo; populorum; ô lupi; fumus; modo; bajulorum; equos; pagi; morbis; calamis; dolos; oculis; ô muri; camelo; digito; nunciorum; numero nidorum; cibum; campis; populi, armis, ficis; cedris; fagus; ô laure; malis; ô alne.

1ʳᵉ Version.

Alnorum; rivo; hortis; malum; asini; hircorum; lauros; radii; fagos; gladio; jocis; ô fici; malorum; asini; ulmi; puteo; cantus; gallorum; cibo; avis; nide; numero;

1ʳᵉ Version.

Des aulnes; du ruisseau; des jardins; le pommier; de l'âne; des boucs; les lauriers; du rayon; les hêtres; par le glaive; aux jeux; ô figuiers; des pommiers; de l'âne; les ormes; du puits; le chant; des coqs; par la nourriture; aux

DE LATINITÉ.

DEVOIRS.	CORRIGÉS.
populorum ; baculis ; nuntii ; digitos ; lupi ; camelo ; fumum ; muris, bajulorum ; oculi ; equis ; dolus ; pagi ; morbum ; camelo ; cedrorum ; oculos ; populis ; anno ; gladii.	aïeux ; ô nid ; par le nombre ; des peuples ; aux bâtons ; du messager ; les doigts ; du loup ; au chameau ; la fumée ; aux murs ; des porte-faix ; les yeux ; aux chevaux ; la ruse ; du bourg ; la maladie ; au chameau ; des cèdres ; les yeux ; aux peuples ; de l'année ; du glaive.

2ᵉ THÈME.

O Antoine ; les fils ; ô Virgile ; agneau de Dieu ; ô chœur ; de Thésée ; ô Persée ; à l'adultère ; de l'homme ; les sangliers ; des champs ; aux livres ; par le beau-père ; ô soir ; des couteaux ; des maîtres ; ô ministre ; du forgeron ; de l'arbitre ; aux boucs ; par le chancre ; des couleuvres ; ô vent du midi ; Dieu ; agneau ; Horace ; du bouc.	Antoni ; filii ; ô Virgili ; agnus Dei ; ô chorus ; Theseos ; ô Perseu, adultero ; viri ; apri ; camporum ; libris ; avo ; ô vesper ; cultrorum ; magistris ; ô minister ; fabro ; arbitri ; hircis ; cancro ; colubris ; ô auster, ô Deus ; ô agnus ; Horati ; hirco.

2ᵉ VERSION.

O Deus ; capri ; fili ; virorum ; agnus Dei ; ô chorus ; ministrorum ; Antoni ; adulteri ; Theseu ; Orpheos ; Morphea ; virorum ; apris ; austro ; campis ; libros ; puerorum ; magistris ; ô soceri ; fabros ; Vesperi ; cultrorum ; colubris ; Antonium ; arbitrum ; ô agnus ; vir ; Orpheon ; libris.	O Dieu ; du chevreau ; ô fils ; des hommes ; ô agneau de Dieu ; ô chœur ; des ministres ; ô Antoine ; de l'adultère ; ô Thésée ; d'Orphée ; Morphée ; des hommes ; aux sangliers ; du vent du midi ; aux champs ; les livres ; des enfans ; aux maîtres ; ô beaux-pères ; les forgerons ; du Vesper ; des couteaux ; aux couleuvres ; Antoine ; l'arbitre ; ô agneau ; l'homme ; Orphée ; des livres.

3ᵉ THÈME.

Les mots ; de l'antre ; à l'argent ; ô trait ; les secours ; par	Verba ; antro ; argento ; ô telum ; auxilia ; studio ; bello ;

PETIT COURS

DEVOIRS.

ab
l'étude; de la guerre; aux rochers; des râteaux; par les bras; ô combats; de la forteresse; le prix; au cou; les récompenses; aux tonneaux; du danger; des dons; les œufs; aux élémens; par le repos; des exemples; ô haine; aux temples; les affaires; de la place; des monstres; par la feuille; du membre; à la joie; le bois; des grains; du sommet; au grenier.

3ᵉ Version.

Horrea; verborum; jugis; antro; granorum; argenti; tela; ligno; gaudium; auxiliis; membrorum; studio; foliis; belli; monstra; saxorum; forum; rastri; brachio; negotiis; præliorum; templo; castri; odiis; colla; exemplum; præmio; otii; doliorum; elementa; donum; ovorum; studiis; verba.

CORRIGÉS.

scopulis; rastrorum; brachiis; ô prælia; castri; pretium; collo; præmia; doliis; periculi; donis; ova; elementis; otio; exemplorum; ô odium; templis; negotia; foro; monstrorum; folio; membri; gaudio; lignum; granis; jugo; horreo.

3ᵉ Version.

Les greniers; des mots; aux sommets; de l'antre; des grains; de l'argent; les traits; du bois; la joie; aux secours; des membres; à l'étude; aux feuilles; de la guerre; les monstres; des rochers; la place; du rateau; au bras; aux affaires; des combats; au temple; de la forteresse; aux haines; les cous; l'exemple; à la récompense; du repos; des tonneaux; les élémens; le don; des œufs; aux études; les mots.

Exercices sur la 3ᵉ déclinaison.

1ᵉʳ Thème.

Les arbres; des sœurs; au chien; de la femme; par la crainte; des épouses; ô bruit; au bélier; la mort; des bergers; par l'amour; des neveux; des douleurs; à l'erreur; du voleur; le bruit; des liqueurs; ô
ab
couleur; des murailles; les calices; aux chefs; des aquilons; le troupeau : par la bonté; à la loi; des rois; la vérité; de l'âge; ô sommet; du sapin; les ca-

1ᵉʳ Thème.

Arbores; sororum; cani; mulieris; timore; uxorum; ô rumor; arieti; mors; pastorum; amore; nepotum; doloribus; errori; latronis; rumorem; liquoribus; ô color; parietibus; calices; ducibus; aquilonibus; grex; bonitate; legi; regum; veritatem; ætatis; ô cacumen; abiete; codices; judicibus; san-

DE LATINITÉ.

DEVOIRS.

hiers; des juges; par le sang aux hiboux; de la crainte; du charbon; à la grêle; des dragons; ô voleur; des vierges; les lions; à l'image; de la raison; les passions; des hommes.

1re VERSION.

Gregi; arboribus; aquilones; ô sorores; duces; canum; mulieri; ô calix; timori; parietibus; colore; uxoris; rumori; liquore; mortem; arietis; ô latro; pastoris; amori; nepotibus; dolores; mortis; bonitati; hominibus; legibus; cupidinis; veritate; regis; ô ætas; abiete; verticis; ratio; judice; sanguine; leonum; imaginibus; bubone; timori; virginis; ô latrones; carbonum; grandine; draconibus.

2e THÈME.

O citoyen; des nations; à la lumière; de la torche; ô citadelle; à la colline; les avantages; de l'épée; à la corde; aux ennemis; par la cohorte; les feux; de l'art; aux mois; du ab. globe; des poissons; des fontaines; ô témoin; à la montagne; le client; au riche; à la dent; ô carnage; par la défaite; des renards; à la place; aux nuages; des forces; les rochers; ac. à la clef; Constantinople; ô corde; des vaisseaux; par la soif; de la fièvre; à la base; aux haches.

CORRIGÉS

guine; bubonibus; timore; carbonis; grandini; draconum; ô latro; virginibus; leones; imagini; rationis; cupiditates; hominibus.

1re VERSION.

Au troupeau; des arbres; les aquilons; ô sœurs; les chefs; des chiens; à la femme; ô calice; à la crainte; aux murailles; de la couleur; de l'épouse; au bruit; par la liqueur; la mort; du bélier; ô voleur; du berger; à l'amour; aux neveux; les douleurs; de la mort; à la bonté; aux hommes; des lois; de la passion; par la vérité; du roi; ô âge; du sapin; du sommet; la raison; par le juge; du sang; des lions; aux images; du hibou; à la crainte; de la vierge; ô voleurs; des charbons; par la grêle; aux dragons.

2e THÈME.

O civis; gentium; luci; face; ô arx; colli; dotes; ensis; funi; hostibus; cohorte; ignes; artis; mensibus; orbe; piscium; fontibus; ô testis; monti; clientem; diviti; denti; ô cædes; clade; vulpium; sedi; nubibus; virium; rupes; clavi; Constantinopolim; ô funis; navium; siti; febris; basi; securibus.

DEVOIRS.

CORRIGÉS.

2ᵉ Version.

2ᵉ Version.

Secures; civium; lucem; gentibus; basi; collis; febres; arci; ô fax^d; siti; collem; navibus; ô dotes; restis; enses; Constantinopolis; hostium; Neapoli; cohorti; clavium; igni; artibus; virium; rupibus; mensi; orbis; nubium; sede; piscibus; vulpes; fontis; clade; cædis; testi; montium; dentibus; ditis; clientium; civibus; febri; sitim; tussi; securibus.

Les haches; des citoyens; la lumière; aux nations; à la base; de la colline; les fièvres; à la citadelle; ô torche; à la soif; la colline; aux vaisseaux; ô avantages; de la corde; les épées; de Constantinople; des ennemis; à Naples; à la cohorte; des clefs; au feu; aux arts; des forces; aux rochers; au mois; du globe; des nuages; par la place; aux poissons; les renards; de la fontaine; par la défaite; du carnage; au témoin; des montagnes; aux dents; du riche; des cliens; aux citoyens; à la fièvre; la soif; à la toux; aux haches.

3ᵉ Thème.

3ᵉ Thème.

A la crise; des poésies; les phrases; du rhéteur; à l'air; ô coupe; Pan; à Hector; le Macédonien^ac; ô Arcadien; de la casaque; de la tyrannie; par la lampe; de Pallas; l'honneur; à la race; les rivages; des bois; aux gages; de l'alliance; les poitrines; aux troupeaux; au côté; du chemin; les ouvrages; de l'emploi^ab; par le crime; à la blessure.

Crisi; carminum; phrases; rhetoris; aeri; ô crater; Pana; Hectori; Macedona; ô Arcas; clamydis; tyrannide; lampade; Palladis; honorem; proli; littora; nemorum; pignoribus; fœdere; pectora; pecoribus; lateri; itineris; opera; munere; crimine; vulneri.

3ᵉ Version.

3ᵉ Version.

Prolè; honoris; crisin; Palladis; lampas; rhetori; ô aer; Panos; Hectora; Macedonem; crateris; clamydi; Arcada; tyrannidem; æthera; heroas; honorum; littoribus; nemora; pignore; fœderi; pectoribus;

De la race; de l'honneur; la crise; de Pallas; la lampe; au rhéteur; ô air; de Pan; Hector; le Macédonien; de la coupe; à la casaque; l'Arcadien; la tyrannie; l'air; les héros; des honneurs; aux rivages; les bois; du gage; à l'alliance; par les

DE LATINITÉ.

DEVOIRS.	CORRIGÉS.
pecorum ; latus ; itinerum ; operibus ; muneris ; scelera ; vulneribus.	poitrines ; des troupeaux ; le côté ; des chemins ; aux ouvrages ; de l'emploi ; les crimes ; aux blessures.

4ᵉ Thème.

Au bataillon ; de la divinité ; le chant ; les noms ; des fleuves ; aux semences ; par le gazon ; du seuil ; au présage ; les têtes ; ô osier ; les chênes ; de la campagne ; au droit ; des impôts ; les serviettes ; ô animal ; par la mer ; les boucliers ; aux éperons ; de la paire ; ô exemplaire ; des thèmes ; les coussins ; du diadème ; le système ; aux dogmes ; ô énigmes ; aux parfums ; du diamant.	Agmini ; numinis ; carmen ; nomina ; fluminibus ; seminibus ; gramine ; liminis ; omini ; capita ; ô vimen ; robora ; ruris ; juri ; vectigalium ; mantilia ; ô animal ; mari ; ancilia ; calcaribus ; pari ; ô exemplar ; thematum ; pulvinaria ; diadematis ; systemate ; dogmatibus ; ô ænigmata ; aromatibus ; adamante.

4ᵉ Version.

Numina ; agminis ; adamanti ; carminibus ; nominis ; ô aroma ; flumine ; ænigmatum ; ô semen ; graminis ; omina ; systematibus ; ô jus ; vectigalibus ; roborum ; rura ; maria ; animalium ; calcari ; paris ; ô exemplaria ; thematis ; mantilium ; ô ancilia ; limine ; vimen ; maris ; dogmata ; systematum.	Les divinités ; du bataillon ; au diamant ; aux chants ; du nom ; ô parfum ; du fleuve ; des énigmes ; ô semence ; du gazon ; les présages ; aux systèmes ; ô droit ; aux impôts ; des chênes ; les campagnes ; les mers ; des animaux ; à l'éperon ; de la paire ; ô exemplaires ; du thème ; des serviettes ; ô boucliers ; du seuil ; l'osier ; de la mer ; les dogmes ; des systèmes.

Exercices sur la 4ᵉ et 5ᵉ déclinaison.

Thème.

Thème.	Thème.
A la chute ; de la plainte ; par le culte ; des bois ; les courses ; aux chars ; au sein ; des fruits ; aux coups ; par l'usage ; au pas de la crainte ; les degrés ; au regard ; par le souffle ; du vi-	Casui ; gemitus ; cultu ; saltibus ; cursus ; curribus ; sinui ; fructuum ; ictibus ; usu ; passui ; metu ; gradus ; aspectui ; spiritu ; vultu ; quercubus ; arcu-

PETIT COURS

DEVOIRS.

ab.
sage ; aux chênes ; par les arcs ;
les tribus ; aux cavernes ; des
ab.
tonnerres ; aux broches ; des
ab.
ports ; les lacs ; des choses ;
aux faces ; par l'apparence ; de
l'armée ; par l'espérance.

CORRIGÉS.

bus ; tribus ; specubus ; tonitribus ; verubus ; portuum ; lacus ;
rebus ; faciebus ; specie ; exerci-
tûs ; spe.

VERSION.

O spes ; casùs ; cultui ; rerum ; portubus ; fructuum ; gra-
dibus ; usui ; ictu ; vultûs ; to-
nitrua ; passuum ; metu ; spiri-
tui ; quercûs ; acubus ; lacu ; ve-
ab. *g.*
rua ; gelu ; testu ; sinûs ; cur-
rum ; cursûs ; tonitribus ; sal-
tuum ; cornua ; acubus ; fructus ; specubus ; visui.

VERSION.

O espérance ; de la chûte ; au
culte ; des choses ; aux ports ;
des fruits ; des degrés ; à l'usage ;
par le coup ; du visage ; les tonnerres ; des pas ; de la crainte ;
au souffle ; du chêne ; aux aiguilles ; du lac ; les broches ; de
la gelée ; du vase de terre ; du
sein ; le char ; de la course ; aux
tonnerres ; des bois ; les cornes ;
aux aiguilles ; les fruits ; aux cavernes ; à la vue.

Exercices sur toutes les irrégularités des substantifs,
(Supplément aux quatre déclinaisons.)

THÈME.

Le râteau ; des râteaux ; ô
ab. *ac.*
frein ; des freins ; le tartare ; ô
enfers ; par le ciel ; aux cieux ;
les lieux ; du lieu ; ô bain ; aux
ab.
bains ; les vases ; des vases ; du
n.
délice ; ô délices ; le jeu ; les
ac.
jeux ; à la république ; du sénatus-consulte ; au serment ; du
père de famille ; aux jurincon-
ac.
sultes ; la république.

THÈME.

Rastrum ; rastrorum ; ô frænum ; frænis ; tartarum ; ô tartara ; cœlo ; cœlis ; loca ; loci ;
ô balneum ; balneis ; vasa ; vasis ; delicii ; ô deliciæ ; jocus ;
joca ; reipublicæ ; senatûscon-
sulti ; jurijurando ; patris-fami-
lias ; juris-consultis ; rempublicam.

VERSION.
n.
Deliciarùm ; delicii ; rastra ;
n. *ac.*
castri ; frænum ; ô fræni ; loca ;

VERSION.

Des délices ; du délice ; les
râteaux ; de la forteresse ; le frein ;

DE LATINITÉ.

DEVOIRS.

locus; cœli; cœli; jocis; joca; balnei; balneæ. Vasorum; vasis; reipublicæ; senatûs-consulto; patrem-familias; jurisconsultum; rempublicam; jurajuranda; patribus-familias; republicâ; senatûs consulto.

CORRIGÉS.

ô freins; les lieux; le lien; du ciel; les cieux; aux jeux; les jeux; du bain; les bains. Des vases; du vase; à la république; du sénatus-consulte; le père de famille; le jurisconsulte; la république; les sermens; aux pères de famille; de la république; au sénatus-consulte.

THÈME
sur toutes les déclinaisons.

Les loups; aux forêts; par l'emploi; à la bonté; la hache; aux vases; ô montagne; par les matelots; à la divinité; ô Virgile; des nations; par les ports; des héros; aux chaînes; aux chênes; ô oiseau; du bois; l'âne; des chars; par les cornes; ô dons; des cieux; par le bain; à la loi; les rois; aux troupeaux; par les cordes; ô citoyen; de la république; les fils; des pères de famille; les sermens; aux témoins; par les juges; du tonnerre; les crimes; de l'hérésie.

THÈME
sur toutes les déclinaisons.

Lupi; sylvis; munere; bonitati; securim; vasis; ô mons; nautis; numini; ô Virgili; gentium; portubus; heroum; catenis; quercubus; ô avis; ligno; asinus; curruum; cornibus; ô dona; cœlorum; balneo; legi; reges; gregibus; restibus; ô civis; reipublicæ; filios; patrum-familias; jurajuranda; testibus; judicibus; tonitru; scelera; herescos.

VERSION
sur toutes les déclinaisons.

Numini; cœlorum; rastris; agri; montibus; silvarum; portu; viri; quercubus; nemora; donis; ictûs; verubus; animabus; filiis; hominum; rebus; magistrorum; muneribus; ô tempora; honorum; crimina; nautas; poemata; poetas; ô Perseu; agminis; dies; præ-

VERSION
sur toutes les déclinaisons.

A la divinité; des cieux; aux râteaux; les champs; aux montagnes; des bois; par le port; de l'homme; aux chênes; les bois; aux dons; du coup; aux broches; aux âmes; aux fils; des hommes; aux choses; des maîtres; aux emplois; ô temps; des honneurs; les crimes; les matelots; les poèmes; les poètes; ô Persée; du bataillon; le

DEVOIRS.	CORIGÉS.
mii; legibus; rerum-publicarum; natæ; Æneam; senatûs-consulto; diei; puerorum; gentes; orbe; temporibus; avium; heroa; limine; fontes; aquarum.	our; de la récompense; aux lois; des républiques; de la fille; Énée; au sénatus-consulte; au jour; des enfans; les nations; du globe; aux temps; des oiseaux; le héros; du seuil; les fontaines; des eaux.

Thèmes et Versions sur les adjectifs au positif.

1ᵉʳ THÈME.

Les citoyens forts; des herbes blanches; aux bergers reconnaissans; par le don agréable. O boucliers courts; du client prudent; le forgeron noir; aux jardins agréables; du citoyen fort; de l'herbe blanche; ô berger reconnaissant; aux dons agréables; au bouclier court; des cliens prudens; des forgerons noirs; au jardin agréable.

1ᵉʳ THÈME.

Cives fortes; herbarum albarum; pastoribus memoribus; dono grato; ô ancilia brevia; clientis prudentis; fabrum nigrum; hortis amœnis; civis fortis; herbæ albæ; ô pastor memor; donis gratis; ancili brevi; clientium prudentium; fabrorum nigrorum; horto amœno.

1ʳᵉ VERSION.

Horti amœni; fabris nigris clientes prudentes; ancilia brevia; dono grato; pastore grato; herbas albas; civium fortium; hortis amœnis; fabrorum nigrorum; clientibus prudentibus; ancilis brevis; dona grata; pastorum gratorum; herbis albis; ô cives fortes.

1ʳᵉ VERSION.

Les jardins agréables; aux forgerons noirs; les cliens prudens; les boucliers courts; du don agréable; par le pasteur reconnaissant; les herbes blanches; des citoyens forts; aux jardins agréables; des forgerons noirs; aux cliens prudens; du bouclier court; les dons agréables; des bergers reconnaissans; aux herbes blanches; ô citoyens courageux.

2ᵉ THÈME.

Au père célèbre; du serpent grand; ô poisson léger; par le ministre sacré; le champ large;

2ᵉ THÈME.

Patri celebri; serpentis ingentis; ô piscis levis; ministro sacro; campum latum; colles

DE LATINITÉ.

DEVOIRS.	CORRIGÉS.
les collines célèbres; des nations grandes; aux épées légères; par les causes sacrées; ô forêts larges; les autels célèbres; l'animal grand; par le filet léger; au temple sacré; des rochers larges; aux pères célèbres; des causes sacrées.	celebres; gentium ingentium; ensibus levibus; causis sacris; ô sylvæ latæ; altaria celebria; animal ingens; reti levi; fano sacro; saxorum latorum; patribus celebribus; causis sacris.

2ᵉ Version.

Causis sacris; patrum celebrium; serpentes ingentes; saxorum latorum; piscem levem; ô templa sacra; patre celebri; ministros sacros; retia levia; campo lato; animalibus ingentibus; collium celebrium; ô altaria celebria; silvæ latæ; gente ingenti; enses leves; causâ sacrâ.	Aux causes sacrées; des pères célèbres; les serpens grands; des rochers larges; le poisson léger; ô temples sacrés; du père célèbre; les ministres sacrés; les filets légers; du champ large; aux animaux grands; des collines célèbres; ô autels célèbres; les forêts larges; par la nation grande; les épées légères; de la cause sacrée.

3ᵉ Thême.

O montagne haute; à la sœur bonne; du ciel élevé; aux vases petits; les hommes sages; des chants sacrés; par la forêt épaisse; ô mer large; aux boucs vifs; les thêmes faciles; des poètes libres; l'arbre admirable; par les montagnes hautes; ô cieux élevés; le vase petit; par le chant sacré; aux arbres admirables.	O mons alte; sorori bonæ; cœlo alto; vasis exiguis; homines sapientes; carminum sacrorum; sylvâ densâ; ô mare latum; hircis acribus; themata facilia; poetis liberis; arborem miram; montibus altis; ô cœli alti; vas exiguum; carmine sacro; arboribus miris.

3ᵉ Version.

Arborum mirarum; carminibus sacris; monte alto; vasa exigua; cœli alti; montem altum; sorores bonæ; arboribus miris; homine sapiente; poetæ	Des arbres admirables; aux chants sacrés; de la montagne haute; les vases petits; du ciel élevé; la montagne haute; les sœurs bonnes; aux arbres admirables; de l'homme sage; au

DEVOIRS.

libero ; carmina sacra ; silvarum densarum ; maria lata ; thematum facilium ; hirco acri ; nemoribus densis ; montium altorum.

4ᵉ Thème.

Les mères prudentes et bonnes ; aux servantes simples et légères ; des douleurs grandes et fréquentes ; ô crimes honteux et certains ; des ports longs et grands ; aux filles insensées et malheureuses ; par les eaux salutaires et agréables ; les enfers noirs et menaçans ; aux filles civiles et dignes ; des oiseaux blancs et élégans ; ô juges doux et habiles ; tous les hommes menteurs.

4ᵉ Version.

Famulæ simplici et levi ; matribus prudentibus et bonis ; scelere turpi et certo ; dolorem magnum et frequentem ; omnium hominum mendacium ; judicibus mitibus et peritis, portuum longorum et ingentium ; natas amentes et miseras ; aquâ salubri et jucundâ ; virginum civilium et dignarum ; ô tartara nigra et minacia ; avium albarum et elegantium.

CORRIGÉS.

poète libre ; les chants sacrés ; des forêts épaisses ; les mers larges ; des thèmes faciles ; au bouc vif ; aux bois épais ; des montagnes hautes.

4ᵉ Thème.

Matres prudentes et bonæ ; famulabus simplicibus et levibus ; dolorum magnorum et frequentium ; ô scelera turpia et certa ; portubus longis et ingentibus ; natabus amentibus et miseris ; aquis salubribus et jucundis ; tartara nigra et minacia ; virginibus civilibus et dignis ; avium albarum et elegantium ; ô judices mites et periti ; omnes homines mendaces.

4ᵉ Version.

A la servante simple et légère ; aux mères prudentes et bonnes ; du crime honteux et certain ; la douleur grande et fréquente ; de tous les hommes menteurs ; aux juges doux et habiles ; des ports longs et grands ; les filles insensées et malheureuses ; par l'eau salutaire et agréable ; des filles civiles et dignes ; ô enfers noirs et menaçans ; des oiseaux blancs et élégans.

Thêmes et Versions sur les degrés de signification.

1ᵉʳ Thème.

O ciel très-élevé ; du chien plus caressant ; au roi le plus bienveillant ; des hommes plus

1ᵉʳ Thème.

O cœlum altissimum ; canis blandioris ; regi beneficentissimo ; hominum doctiorum ; tem-

DE LATINITÉ.

DEVOIRS.

savans; les temples grands et très-grands; ô enfans les plus reconnaissans; à Dieu très-bon
ab.
et très-grand; de l'emploi très-facile; à la rose la plus belle; les cieux plus élevés; aux chiens très-caressans; des enfans bien reconnaissans; à l'homme fort savant; du temple le plus grand.

1re Version.

Templorum maximorum; ô cœli altiores; hominibus doctissimis; pueros gratiores; regis benevolentioris; canes blandissimi; rosarum pulcherrimarum;
ab.
Deo optimo, maximo; munera faciliora; cœlo altissimo; puerorum gratissimorum; muneribus facillimis; ô homines doctiores; regibus benevolentissimis; ô templa maxima.

2e Thème.

A l'homme le plus petit et le plus savant; de la fille plus médisante et plus malheureuse; aux rois très-célèbres et très-méchans; ô temples plus saints et plus merveilleux; des roses plus simples et très-belles; du chien plus petit et le plus reconnaissant; de tous les hommes les plus menteurs et les plus médisans; ô emplois très-hauts et très-faciles; du temple plus élevé et plus célèbre.

2e Version.

Templis altissimis et celeberrimis; ô munus altius et facilius; omnes homines menda-

CORRIGÉS.

pla magna et maxima; ô pueri gratissimi; Deo optimo et maximo; munere facillimo; rosæ pulcherrimæ; cœli altiores; canibus blandissimis; puerorum gratissimorum; homini doctissimo; templo maximo.

1re Version.

Des temples très-grands; ô cieux plus élevés; aux hommes très-savans; les enfans plus reconnaissans; du roi plus bienveillant; les chiens très-caressans; des roses très-belles; de Dieu très-bon, très-grand; les emplois plus faciles; au ciel très-élevé; des enfans très-reconnaissans; aux emplois très-faciles; ô hommes plus savans; aux rois les plus bienveillans; ô temples très-grands.

2e Thème.

Homini minimo et doctissimo; natæ maledicentioris et miserioris; regibus celeberrimis et pessimis; ô templa sanctiora et mirificentiora; rosarum simpliciorum et pulcherrimarum; canis minoris et gratissimi; omnium hominum mendaciorum et maledicentissimorum; ô munera altissima et facillima; templo altiore et celebriore.

2e Version.

Aux temples très-hauts et très-célèbres; ô emploi plus élevé et plus facil; tous les

DEVOIRS.	CORRIGÉS
ciores et maledicentissimi ; canibus minimis et gratissimis ; rosâ simpliciore et pulchriore ; templorum sanctissimorum et mirificentissimorum ; ô reges celeberrimi et pessimi ; natabus maledicentioribus et miserrimis; hominum minimorum et doctissimorum ; ô Deus optime et sanctissime.	hommes plus menteurs et très-médisans ; aux chiens très-petits et très-reconnaissans ; de la rose plus simple et plus belle ; des temples très-saints et très-merveilleux ; ô rois très-célèbres et très-méchans ; aux filles plus médisantes et très-malheureuses; des hommes très-petits et très-savans ; ô Dieu très-bon et très-saint.

Adjectifs pronominaux.

1ᵉʳ Thème.

Mes oiseaux blancs ; à mon thème facile et court ; ô mes fils doux et savans ; par ton père habile ; à tes sœurs prudentes ; notre père bienfaisant ; à votre roi bon et magnifique ; vos vices honteux et grands ; par son travail fréquent et utile ; à ses lois justes ; de Dieu seul éternel ; à aucun fruit salutaire ; par toutes nos forces.

1ᵉʳ Thème.

Meæ aves albæ ; meo themati facili et brevi ; ô mei filii mites et docti; tuo patre perito ; tuis sororibus prudentibus ; noster pater beneficus; vestro regi bono et magnifico ; vestra vitia turpia et magna ; suo labore frequente et utili ; suis legibus justis; Dei solius æterni ; nullo fructui salubri ; totis nostris viribus.

1ʳᵉ Version.

Omnium nostrarum vitium ; nullius fructûs salubris ; Deo soli et æterno ; suas leges utiles ; laboribus frequentibus et utilibus ; tuum vitium turpe et magnum ; regis boni et magnifici ; nostro patre benefico ; tuarum sororum prudentium ; patribus peritis ; mi fili dulcis et docte ; meum thema facile et breve ; meis avibus albis.

1ʳᵉ Version.

De toutes nos forces ; d'aucun fruit salutaire ; à Dieu seul et éternel ; ses lois utiles ; aux travaux fréquens et utiles ; ton vice honteux et grand ; du roi bon et magnifique ; par notre père bienfaisant ; de tes sœurs prudentes ; aux pères habiles ; ô mon fils doux et savant ; mon thème facile et court ; à mes oiseaux blancs.

2ᵉ Thème.

Tes roses plus belles et plus agréables ; de mes jardins très-grands et très-utiles ; à vos oi-

2ᵉ Thème.

Tuæ rosæ pulchriores et amœniores ; meorum hortorum maximorum et utilissimorum ; ves-

DE LATINITÉ.

DEVOIRS.	CORRIGÉS.
seaux plus petits et plus doux ; par nos animaux les plus menaçans ; à ses esclaves les plus douces et les plus simples ; de tous nos bois épais et très-larges ; des autres enfans ; à ces mêmes hommes plus savans et très-utiles ; de qui l'on voudra plus prudent et plus courageux ; à notre Dieu très-bon et très-grand.	tris avibus minimis et mitioribus ; nostris animalibus minacissimis ; suis servabus dulcissimis et simplicissimis ; nostrorum omnium nemorum densorum et latissimorum ; alii pueri ; iisdem hominibus doctioribus et utilissimis ; cujuslibet prudentioris et fortioris ; nostro Deo optimo et maximo.

2^e VERSION.

Vestra nemora densa et latissima ; meis servabus docillimis et miserrimis ; nostra animalia optima et utilissima ; meo horto latissimo et amœnissimo ; nostrarum avium mitiorum et majorum ; natabus tuis pulcherrimis et celeberrimis ; meis agnis docilioribus et mitissimis ; nostrarum mentium dociliorum et magis idonearum ; legibus sanctissimis et maximè miris.	Vos bois épais et très-larges ; à mes esclaves très-dociles et très-malheureuses ; nos animaux très-bons et très-utiles ; à mon jardin très-vaste et très-agréable ; de nos oiseaux plus doux et plus grands ; à tes filles très-belles et très-célèbres ; à mes agneaux plus dociles et très-doux ; de nos esprits plus dociles et plus propres ; aux lois très-saintes et très-admirables.

Exercices sur Sum *et ses composés.*

1er THÊME.

Je serai bienfaisant ; tu étais savant ; il fut bon ; nous étions hauts ; vous serez sages ; elles sont faciles ; sois utile ; que nous fussions noirs ; avoir été célèbre. — J'ai manqué au souper ; il manquerait à la règle ; nous manquons à la raison ; que j'aie manqué à la vérité ; devant manquer à la manière ; manquez à la loi ; vous auriez manqué à l'étude ; que tu aies manqué au travail ; nous manquâmes au bourg ; que vous manquissiez à la manière.	Ero beneficus ; eras doctus ; fuit bonus ; eramus alti ; eritis sapientes ; sunt faciles ; sis utilis ; essemus, nigri ; fuisse celeber. — Defui cœnæ ; deesset normæ ; desumus rationi ; defuerim veritati ; defuturus modo ; deeste legi ; defuissetis studio ; defueris labori ; desinimus pago ; deessetis modo.

DEVOIRS.

1ʳᵉ Version.

Deesset modo ; defueratis pago ; defuerit labori ; deessent studio ; desunto legi ; defuisse modis ; defuimus veritati ; deeritis rationi ; desimus normæ ; defueramus cœnæ ; defuturus studio. — Erunt celebres ; fueratis nigri ; sint utiles ; fuisset facilis ; essent sapientes ; sunt alti ; fuerunt boni ; eris doctus ; sunto benefici ; esse altus ; futurus sapiens.

2ᵉ Thème.

Elle nuisait à la ville ; tu nuiras au poète ; devant nuire à la république ; je nuisais au matelot ; que vous nuisissiez à l'armée ; nous aurons nui au peuple ; qu'ils nuisent au père ; vous eussiez nui à l'homme. — Ils ont présidé à la charge ; nous eûmes présidé au bataillon ; tu présides au temple ; elle présidait à la maison ; ils présideront au marché ; tu présiderais à la guerre ; je présidais au vaisseau ; que tu présidasses au port.

2ᵉ Version.

Præfuisset portui ; obessemus urbi ; præsit navi ; obfueras poetæ ; præeritis bello ; oberant reipublicæ ; præerunt foro ; obfuerim nautæ ; præesto domui ;

CORRIGÉS.

1ʳᵉ Version.

Il manquerait à la manière ; vous aviez manqué au bourg ; il aura manqué au travail ; ils manqueraient à l'étude ; qu'ils manquent à la loi ; avoir manqué aux manières ; nous manquâmes à la vérité ; vous manquerez à la raison ; que nous manquions à la règle ; nous avions manqué au souper ; devant manquer à l'étude. — Ils seront célèbres ; vous aviez été noirs ; qu'ils soient utiles ; il eût été facile ; ils seraient sages ; ils sont hauts ; ils ont été bons ; tu seras savant ; qu'ils soient bienfaisans ; être haut ; devant être sage.

2ᵉ Thème.

Oberat urbi ; oberis poetæ ; obfuturus reipublicæ ; oberam nautæ ; obessetis exercitui ; obfuerimus populo ; obsint patri ; obfuissetis homini. — Præfuerunt muneri ; præfuimus agmini ; præes templo ; præerat domui ; præerunt foro ; præesses bello ; præeram navi ; præesses portui.

2ᵉ Version.

Il eût présidé au port ; nous nuirions à la ville ; qu'il préside au vaisseau ; tu avais nui au poète ; vous présiderez à la guerre ; ils nuisaient à la république ; ils présideront au marché ; que j'aie nui au matelot ;

DE LATINITÉ.

DEVOIRS.

obesset exercitui ; præerat templo ; oberant populo ; præsunt agmini ; obfuerant patri ; præsunto muneribus ; obfuero homini ; præfuturus populo et bello ; oberat exercitibus et navibus.

CORRIGÉS.

préside à la maison ; il nuirait à l'armée ; il présidait au temple ; ils nuiront au peuple ; ils président au bataillon ; ils avaient nui au père ; qu'ils président aux emplois ; j'aurai nui à l'homme ; devant présider au peuple et à la guerre ; il nuisait aux armées et aux vaisseaux.

3° THÈME.

J'ai survécu au père ; nous serons présens à la cause ; j'étais absent du bois ; qu'il survive à la fille ; il fut présent au jeu ; tu seras éloigné de l'eau ; il survivrait à la vierge ; il eût été présent au camp ; nous étions éloignés du champ ; que nous survivions à la sœur ; vous fûtes présens au carnage ; tu es éloigné du jardin ; il survivait au lion ; il assiste à la défaite ; il sera éloigné du sommet ; survivez au héros ; devant assister au chant ; il aura été absent de l'antre ; que j'aie survécu au péril et à la crainte ; nous serons présens au serment.

3° THÈME.

Superfui patri ; aderimus causæ ; aberam a nemore ; supersit natæ ; adfuit ludo ; aberis ab aqua ; superesset virgini ; adfuisset castris ; aberamus à campo ; supersimus sorori ; adfuistis cædi ; abes ab horto ; supererat leoni ; adest cladi ; aberit a jugo ; superesto heroi ; adfuturus carmini ; abfuerit ab antro ; superfuerim periculo et timori ; aderimus jurijurando.

3° VERSION.

Adsis jurijurando ; superfui patri ; superero timori et periculis ; aderant causæ ; abfuerant ab antro ; absint a nemore ; adesto carmini ; supererit natabus ; superfuimus heroi ; adsim ludo ; aberamus a jugo ; abesset ab aqua ; aderimus cladi ; superfue-

3° VERSION.

Assiste au serment ; j'ai survécu au père ; je survivrai à la crainte et aux dangers ; ils assistaient à la cause ; ils avaient été éloignés de l'antre ; qu'ils soient éloignés du bois ; assiste au chant ; il survivra aux filles ; nous avons survécu au héros ; que je sois présent au jeu ; nous étions éloignés du sommet ; qu'il fût éloigné de l'eau ; nous assisterons à la défaite ; ils survécu-

PETIT COURS

DEVOIRS.

runt virginibus ; superfuissent leoni ; adfueritis campo ; abessetis ab horto ; superfuerint sororibus ; adfuturus cædi ; absunto à periculo et timore ; aderat cladi et cædi.

CORRIGÉS.

rent aux vierges ; ils auraient survécu au lion ; vous auriez assisté au champ ; que vous fussiez éloignés du jardin ; qu'ils aient survécu aux sœurs ; devant assister au carnage ; qu'ils soient éloignés du danger et de la crainte ; il assistait à la défaite et au carnage.

4ᵉ THÈME.

Tu serais homme sage ; elle fut épouse bonne ; devant être serviteur apte ; qu'il soit juge prudent ; ils seront maîtres savans ; elle fut vierge belle ; nous assistâmes à un combat douteux ; que je sois homme très-sage ; devant être épouse meilleure ; sois serviteur très-apte ; il était juge plus prudent ; ils étaient maîtres très-savans ; elle aurait été vierge la plus belle ; nous aurions assisté à un combat très-douteux.

4ᵉ THÈME.

Esses homo sapiens ; fuit uxor bona ; futurus famulus aptus ; sit judex prudens ; erunt magistri docti ; fuit virgo pulchra ; adfuimus prælio dubio ; sim homo sapientissimus ; futura uxor melior ; sis famulus aptissimus ; erat judex prudentior ; erant magistri doctissimi ; fuisset virgo pulcherrima ; adfuissemus prælio maximè dubio.

4ᵉ VERSION.

Erit homo sapiens ; fuisset uxor optima ; sint famuli aptiores ; erat judex prudentissimus ; fuisset magister doctior ; erunt virgines pulcherrimæ ; aderimus prælio maximè dubio ; fuissem homo sapientior ; sit uxor bona ; es famulus aptissimus ; fuerint judices prudentiores ; estote magistri doctiores ; erat virgo pulchrior ; adfueratis prælio magis dubio.

4ᵉ VERSION.

Il sera homme sage ; elle eût été épouse très-bonne ; qu'ils soient serviteurs plus aptes ; il était juge très-prudent ; il eût été maître plus savant ; elles seront vierges très-belles ; nous assisterons à un combat très-douteux ; j'eusse été homme plus sage ; qu'elle soit épouse bonne ; tu es serviteur très-apte ; qu'ils aient été juges plus prudens ; soyez maîtres plus savans ; elle était vierge plus belle ; vous aviez assisté à un combat plus douteux.

Exercices sur les Verbes actifs.

DEVOIRS.

Thème
sur Æstimare, 1re conjugaison.

Tu estimes; nous estimons; elle estime; ils estimaient; nous estimâmes; tu as estimé; ils estimèrent; vous avez estimé; elles ont estimé; tu avais estimé; ils avaient estimé; j'estimerai; vous aurez estimé; estimons; estime; que nous estimions; j'estimerais; que tu estimasses; elles estimeraient; que vous estimassiez; que nous ayons estimé; qu'il ait estimé; tu aurais estimé; estimant; devant estimer; qu'il estimera; en estimant.

Version
sur Æstimare, 1re conjugaison.

Æstimatis; æstimo; æstimant; æstimabat; æstimabamus; æstimabam; æstimavi; æstimavistis; æstimavit; æstimavere; æstimaveratis; æstimaveras; æstimaverant; æstimabunt; æstimabis; æstimabitis; æstimaverint; æstimavero; æstimanto; æstimetis; æstimem; æstimarem; æstimaveris; æstimaveritis; æstimavisses; æstimavissemus; æstimare; æstimaturum fuisse; æstimaturam esse; æstimatum; æstimandi; æstimans.

CORRIGÉS.

Thème
sur Æstimare, 1re conjugaison.

Tu æstimas; nos æstimamus; illa æstimat; illi æstimabant; nos æstimavimus; tu æstimavisti; illi æstimaverunt; vos æstimavistis; illæ æstimaverunt; tu æstimaveras; illi æstimaverant; ego æstimabo; vos æstimaveritis; æstimemus; æstima; nos æstimemus; ego æstimarem; tu æstimares; illæ æstimarent; vos æstimaretis; nos æstimaverimus; ille æstimaverit; tu æstimavisses; æstimans; æstimaturus; æstimaturum; æstimando.

Version
sur Æstimare, 1re conjugaison.

Vous estimez; j'estime; ils estiment; il estimait; nous estimions; j'estimais; j'estimai; vous estimâtes; il estima; ils estimèrent; vous aviez estimé; tu avais estimé; ils avaient estimé; ils estimeront; tu estimeras; vous estimerez; ils auront estimé; j'aurai estimé; qu'ils estiment; que vous estimiez; que j'estime; que j'estimasse; que tu aies estimé; que vous ayez estimé; que tu eusses estimé; que nous eussions estimé; estimer; qu'il aura estimé; qu'elle estimera; à estimer; d'estimer; estimant.

DEVOIRS.

Thème
sur Merere, 2ᵉ *conjugaison.*

J'ai mérité ; je mériterai ; tu mérites ; il mérita ; nous méritons ; vous méritiez ; elle aura mérité ; nous méritâmes ; vous aviez mérité ; ils ont mérité ; elle avait mérité ; nous mériterons ; elles auront mérité ; mérite ; tu auras mérité, méritons ; que je méritasse ; j'aurais mérité ; que tu mérites ; elle mériterait ; nous eussions mérité ; que tu aies mérité ; avoir mérité ; qu'il méritait ; qu'elle méritera ; méritant ; de mériter ; pour mériter.

Version
sur Debere, 2ᵉ *conjugaison.*

Debemus ; debuit, debent ; debes ; debebant, debuisti ; debebam ; debet ; debueratis ; debuimus ; debuero ; debuistis ; debebunt ; debento ; debuerit ; debeamus ; debuerint ; debeas ; debuissent ; debuerim ; debuissetis ; debens ; debitum ; debitura ; debituram fuisse ; debendum ; debiturum esse ; debendo ; debendi.

Thème
sur Dicere, 3ᵉ *conjugaison.*

Je parle ; tu parleras ; il parlait ; nous parlerons ; vous parlez ; ils parlaient ; elles parlent ; vous parlâtes ; nous parlons ; elle aura parlé ; tu avais parlé ; je parlais ; il a parlé ; nous avions

CORRIGÉS.

Thème
sur Merere, 2ᵉ *conjugaison.*

Ego merui ; ego merebo ; tu meres ; ille meruit ; nos meremus ; vos merebatis ; illa meruerit ; nos meruimus ; vos merueratis ; illi meruerunt ; illa meruerat ; nos merebimus ; illæ meruerint ; mere ; tu merueris ; mereamus ; ego mererem ; ego meruissem ; tu mereas ; illa mereret ; nos meruissemus ; tu merueris ; meruisse ; illum merere ; illam merituram esse ; merens ; merendi ; merendum.

Version
sur Debere, 2ᵉ *conjugaison.*

Nous devons ; il dut ; ils doivent ; tu dois ; ils devaient ; tu as dû ; je devais ; il doit ; vous aviez dû ; nous dûmes ; j'aurai dû ; vous avez dû ; ils devront ; qu'ils doivent ; qu'il ait dû ; que nous devions ; qu'ils aient dû ; que tu doives ; qu'ils eussent dû ; que j'aie dû ; que vous eussiez dû ; devant ; à devoir ; devant devoir ; qu'elle aura dû ; à devoir ; qu'il devra ; en devant ; de devoir.

Thème
sur Dicere, 3ᵉ *conjugaison.*

Ego dico ; tu dices ; ille dicebat ; nos dicemus ; vos dicitis ; illi dicebant ; illæ dicunt ; vos dixistis ; nos dicimus ; illa dixerit ; tu dixeras ; ego dicebam ; ille dixit ; nos dixeramus ; illi

DE LATINITÉ.

DEVOIRS.

parlé; ils auront parlé; tu parlas; vous aurez parlé; parlons; que vous parliez; je parlerais; que tu parles; qu'ils parlassent; nous parlerions; qu'ils aient parlé; vous auriez parlé; que j'eusse parlé; nous aurions parlé; elle eût parlé; qu'ils aient parlé; vous eussiez parlé; à parler; avoir parlé; qu'elle parlera; de de parler; en parlant.

CORRIGÉS.

dixerint; tu dixisti; vos dixeritis; dicamus; vos dicatis; ego dicerem; tu dicas; illi dicerent; nos diceremus; illi dixerint; vos dixissetis; ego dixissem; nos dixissemus; illa dixisset; illi dixerint; vos dixissetis; dictum; divisse; illam dicturam esse; dicendi; dicendo.

Version
sur Ponere, 3ᵉ *conjugaison.*

Ponam; ponimus; ponetis; ponebas; posueris; posuistis; ponebat; pone; ponit; ponebamus; posui; ponito; posuero; ponet; posueram; ponis; posueramus; ponebant; ponent; posueras; posuerint; ponento; posueris; ponamus; poneret; ponat; poneretis; ponant; poneremus; posuissetis; posuerint; posueris; posuissemus; posueritis; posuisset; positum; posuisse; posituram (esse); ponendi; ponens; positurus; ponendum; positurum fuisse.

Version
sur Ponere, 3ᵉ *conjugaison.*

Je placerai; nous plaçons; vous placerez; tu plaçais; tu auras placé; vous avez placé; il plaçait; place; il place; nous placions; j'ai placé; place; j'aurai placé; il placera; j'avais placé; tu places; nous avions placé; ils plaçaient; ils placeront; tu avais placé; qu'ils aient placé; qu'ils placent; tu auras placé; plaçons; il placerait; qu'il place; que vous plaçassiez; qu'ils placent; nous placerions; vous eussiez placé; qu'ils aient placé; que tu aies placé; nous eussions placé; que vous ayez placé; qu'il eût placé; à placer; avoir placé; qu'elle placera; de placer; plaçant; devant placer; à placer; qu'il eût placé.

Thème
sur Obedire, 4ᵉ *conjugaison.*

Avoir obéi; en obéissant; qui doit obéir; elle eût obéi; j'obéirais; nous eussions obéi; ils auraient obéi; que vous eussiez obéi; ils obéiraient; qu'elles aient obéi; que j'obéisse; que tu

Thème
sur Obedire, 4ᵉ *conjugaison.*

Obedivisse; obediendo; obediturus; illa obedivisset; ego obedirem; nos obedivissemus; illi obedivissent; vos obedivissetis; illi obedirent; illæ obedivissent; ego obediam; tu obe-

DEVOIRS.

aies obéi ; que vous obéissiez ; qu'il ait obéi ; qu'il obéît ; que tu obéisses ; obéissez ; ils auront obéi ; obéissons ; j'aurai obéi ; tu obéiras ; tu auras obéi ; elles avaient obéi ; ils obéiront ; tu avais obéi ; il obéira ; vous aviez obéi ; elles ont obéi ; vous obéîtes ; il a obéi ; tu obéissais ; il obéit ; vous obéissiez ; nous obéissons ; ils obéissaient ; tu obéis.

CORRIGÉS.

diveris ; vos obediatis ; ille obediverit ; ille obediret ; tu obedias ; obedite ; illi obediverint ; obediamus ; ego obedivero ; tu obedies ; tu obediveris ; ille obediverant ; illi obedient ; tu obediveras ; ille obediet ; vos obediveratis ; illæ obediverunt ; vos obedivistis ; ille obedivit ; tu obediebas ; ille obedit ; vos obediebatis ; nos obedimus ; illi obediebant ; tu obedis.

VERSION.

sur Nutrire, 4ᵉ *conjugaison.*

Nutriens ; nutrit ; nutriendi ; nutris ; nutriturus ; nutriunt ; nutritum ; nutrimus ; nutrivisse ; nutrio ; nutrituram fuisse ; nutriebant ; nutrivissent ; nutriebas ; nutrivisses ; nutriebatis ; nutrivissetis ; nutrivêre ; nutriverim ; nutrivit ; nutriverimus ; nutrivimus ; nutriret ; nutrivistis ; nutriveris ; nutrirem ; nutriveras ; nutriat ; nutriverant ; nutrirent ; nutries ; nutriremus ; nutrivero ; nutriant ; nutriunto : nutriamus ; nutrite.

VERSION.

sur Nutrire, 4ᵉ *conjugaison.*

Nourrissant ; il nourrit ; de nourrir ; tu nourris ; devant nourrir ; ils nourrissent ; à nourrir ; nous nourrissons ; avoir nourri ; je nourris ; qu'elle aura nourri ; ils nourrissaient ; ils auraient nourri ; tu nourrissais ; tu aurais nourri ; vous nourrissiez ; vous auriez nourri ; ils ont nourri ; que j'aie nourri ; il a nourri ; nous aurons nourri ; nous nourrîmes ; il nourrirait ; vous avez nourri ; que tu aies nourri ; je nourrirais ; tu avais nourri ; qu'il nourrisse ; ils avaient nourri ; ils nourriraient ; tu nourriras ; nous nourririons ; j'aurai nourri ; qu'ils nourrissent ; qu'ils nourrissent ; nourrissons ; nourissez.

Exercices sur les quatre Conjugaisons.

THÈME.

L'homme laboure ; il estimera ; il aura crié ; il cachait ; il combattit. Les hommes habiteront ; ils ont douté ; ils avaient parcouru ; ils auront erré. Dieu crée ;

THÈME.

Homo arat ; æstimabit ; clamaverit ; celabat ; pugnavit. Homines habitabunt ; dubitaverunt ; peragraverant ; erraverint. Deus creat ; mutavisset ; pera-

DE LATINITÉ.

DEVOIRS.	CORRIGÉS.

il eût changé; qu'il parcoure; il aura conservé. Les enfans prièrent; qu'ils aient raconté; qu'ils appelassent. Le peuple aurait; il mérita; devant effrayer; qu'il se taise. Les filles avaient obéi; elles étudiaient; elles craignent; qu'elles aient pleuré. Les maîtres prudens ont ordonné; ils posséderont; ils auront vu. Le père bienfaisant pleurera; il aurait favorisé. Les mères bien bonnes avaient parlé; elles conduisirent; elles auraient demandé; qu'elles pardonnent. Les habitans reçurent; ils enlevèrent; qu'ils eussent bâti; devant creuser. L'oiseau dort; il babillera; il avait sauté; il nourrissait. Les soldats forts auront fortifié; qu'ils eussent obéi; ils sauront; ils venaient; ils punirent. Les animaux paisibles ont senti; ils auraient sauté; qu'ils aillent.

gret; servaverit. Pueri rogaverunt; narraverint; vocarent. Populus haberet; meruit; territurus; taceat. Natæ obediverant; studebant; timent; luxerint. Magistri prudentes jusserunt; possidebunt; viderint. Pater beneficus lugebit; favisset. Matres optimæ dixerant; duxerunt; rogavissent; ignoscant. Incolæ acceperunt; rapuerunt; struxissent; fossuri. Avis dormit; garriet; salierat; nutriebat. Milites fortes muniverint; obedivissent; scient; veniebant; punuerunt. Animalia placida senserunt; saliissent; eant.

Version.

Rex optavisset; tentaverat; vocabit; reges vituperabunt; servarent; mutaverint. Mulieres sanctæ dederunt; paraverant; fricabant; vetant. Discipulus præbuerit; manebit; auxisset; movebat. Populi felices videbunt; lugent; possideant. Poeta risurus; natæ auditutæ; causa pavendi; horæ docendi. Dux mittet; petiverat; scribebat; sumpsisset; pepercerat. Milites fortes traxerunt; vertent; vicissent; fugiant. Latrones improbi rapiunt; jecerunt; minuebant. Pauper induebat; arguet;

Version.

Le roi eût souhaité; il avait essayé; il appellera; les rois blâmeront; ils conserveraient; ils auront changé. Les femmes saintes donnèrent; elles avaient préparé; elles frottaient; elles empêchent. Le disciple aura fourni; il restera; il eût augmenté; il touchait. Les peuples heureux verront; ils pleurent; qu'ils possèdent. Le poète devant rire; les filles devant écouter; la cause d'avoir peur; les heures d'enseigner. Le général enverra; il avait demandé; il écrivait; il eût pris; il avait épargné. Les soldats forts tirèrent; ils tourneront; ils auraient vaincu; qu'ils fuient. Les voleurs méchans enlèvent; ils jetèrent; ils diminuaient. Le pauvre vêtait; il

DEVOIRS.	CORRIGÉS.
tribuisset; cupiverat. Faber faciet; facturus; dicebat; capiebat; statuit; struxisset. Nautæ haurirent; liniunt; ibant. Famulus polivit; fulsiebat; vinxisset; sepserat; ivit. Leones mugiebant; salient; scirent; nutrivissent; obediant; venennt; puniverant.	reprendra; il eût accordé; il avait désiré. L'ouvrier fera; devant faire; il disait; il prenait; il a établi; il eût bâti. Les matelots puiseraient; ils enduisent; ils allaient. Le serviteur a poli; il appuyait; il eût lié; il avait entouré; il alla. Les lions mugissaient; ils sauteront; ils sauraient; ils auraient nourri; qu'ils obéissent; ils sont vendus; ils avaient puni.

Exercices sur les verbes passifs.

1ᵉʳ THÈME
sur Laudari.

Je serai loué; tu es loué; il fut loué; nous étions loués; vous aviez été loués; ils auront été loués; je suis loué; tu auras été loué; il était loué; nous sommes loués; vous fûtes loués; ils étaient loués; soyez loués; j'aurai été loué; sois loué; ils avaient été loués; soyons loués; qu'ils fussent loués; que tu sois loué; il serait loué; elle aurait été louée; que nous ayons été loués; loué; avoir été loué; devant être loué.

1ᵉʳ THÈME
sur Laudari.

Ego laudabor; tu laudaris; ille laudatus est; nos laudabamur; vos laudati eratis; illi laudati erunt; ego laudor; tu laudatus eris; ille laudabatur; nos laudamur; vos laudati estis; illi laudabantur; laudamini; ego laudatus ero; laudare; illi laudati fuerant; laudemur; illi laudarentur; tu lauderis; ille laudaretur; illa laudata fuisset; nos laudati simus; laudatus; laudatum esse; laudandum esse.

1ʳᵉ VERSION
sur Creari.

Creati sumus; creata fuerant; creare; creantur; creabimur; creantor; creabatur; crearis; creatæ erunt; creabaris; creabitur; creamur; creatæ fuerunt; creabimini; creatur; creatus

1ʳᵉ VERSION
sur Creari.

Nous avons été créés; ils avaient été créés; sois créé; ils sont créés; nous serons créés; qu'ils soient créés; il était créé; tu es créé; elles auront été créées; tu étais créé; il sera créé; nous sommes créés; elles furent créées; vous serez créés; il est créé;

DE LATINITÉ.

DEVOIRS.

ero; creabitur; creabamur; creatæ fuerint; creaver; creetur; creatus esset; creati sint; creer; creati simus; creentur; creatæ fuissent; creandus; creatu; creatum iri; creatum fuisse.

CORRIGÉS.

j'aurai été créé; il sera créé; nous étions créés; elles auront été créées; je serais créé; qu'il soit créé; il eût été créé; qu'ils aient été créés; que je sois créé; que nous ayons été créés; qu'ils soient créés; qu'elles eussent été créées; devant être créé; à être créé; qu'il sera créé; avoir été créé.

2ᵉ Thème
sur Doceri, 2ᵉ *conjugaison*, *et sur* Ali, 3ᵉ *conjugaison*

J'ai été instruit; tu seras nourri; il avait été instruit; ils étaient nourris; nous sommes nourris et nous serons instruits; vous aviez été nourris et vous fûtes instruits; soyons instruits et soyez nourris; qu'ils aient été nourris et que vous soyez instruits; ils auraient été nourris et elles seraient instruites; qu'elles aient été instruites et nourries; avoir été nourri et devoir être instruit; ayant été nourri et instruit.

2ᵉ Thème
sur Doceri, 2ᵉ *conjugaison*, *et sur* Ali, 3ᵉ *conjugaison*.

Ego doctus sum; tu aleris; ille doctus erat; illi alebantur; nos alimur et docebimur; vos aliti eratis et docti estis; doceamur et alimini; illi aliti sint et vos doceamini; illi aliti essent et illæ docerentur; illæ doctæ fuerint et alitæ; alitum esse et doctum iri; alitus et doctus.

2ᵉ Version
sur Teneri, 2ᵉ *conjugaison*, *et sur* Hauriri, 4ᵉ *conjugaison*.

Hauriar; teneberis, hauritur; tenebatur; haustus erat et tenetur; haurietur et tentus erit; tenere et hauritor; tenentur et haurientur; haustæ sunt et tenebuntur; teneamur et hauriemur; hauriatur et tenebitur; tentus esset et haustæ fuerint; haustum et tentum fuisse; haustu et tentum iri; hauriendam esse.

2ᵉ Version
sur Teneri, 2ᵉ *conjugaison*, *et sur* Hauriri, 4ᵉ *conjugaison*.

Je serai puisé; tu seras tenu; il est puisé; il était tenu; il avait été puisé et il sera tenu; il sera puisé et il aura été tenu; sois tenu et sois puisé; ils sont tenus et ils seront puisés; elles ont été puisées et elles seront tenues; soyons tenus et nous serons puisés; qu'il soit puisé et il sera tenu; il eût été tenu et elles auront été puisées; avoir été puisé et tenu; à être puisé et qu'il sera tenu; qu'elle sera puisée.

Les quatre conjugaisons réunies.

DEVOIRS.

3ᵉ THÈME.

Soyons estimés et nous serons loués; les enfans sont instruits; ils seront punis; la ville fut fortifiée et elle avait été prise; les eaux étaient puisées et elles auront été conduites; l'animal a été effrayé et il était tenu; les loups sont liés et ils auront été nourris; les victimes seraient dévorées; elles furent envoyées; Dieu était prié; qu'il soit aimé; les crimes auraient été punis; ils seront effrayés.

3ᵉ VERSION.

Territi sunt; vitia punientur; Deus rogaretur; amabitur; animalia missa erunt et vorabuntur; hostes victi sunt et victi fuerant; olus dicatum est; virgines territæ fuissent; captæ fuerunt et tenentur; aqua hausta erit; poetæ laudantur et æstimabuntur; opera ducentur et munita fuerint; epistolæ mittantur; naves captæ fuissent et vinctæ essent; hostis terrebitur et teneretur; aves capientur et vorabuntur.

4ᵉ THÈME.

La statue était consacrée; l'armée eût été conduite; les soldats seraient commandés; la terre sera percée; les hommes devant être pris et punis; nos présens sont envoyés; ils furent tenus; mes fruits eussent été dévorés, les

CORRIGÉS.

3ᵉ THÈME.

Æstimemur et laudabimur; pueri docentur; punientur; urbs munita est, et capta fuerat; aquæ hauriebantur et ductæ fuerint; animal territum est et tenebatur; lupi vinciuntur et aliti fuerint; hostiæ vorarentur; missæ fuerunt; Deus rogabatur; ametur; scelera punita essent; terrebuntur.

3ᵉ VERSION.

Ils ont été effrayés; les vices seront punis; Dieu serait prié; il sera aimé; les animaux auront été envoyés et seront dévorés; les ennemis ont été vaincus et avaient été vaincus; le légume fut consacré; les vierges auraient été effrayées; elles furent prises et sont tenues; l'eau aura été puisée; les poètes sont loués et ils seront estimés; les ouvrages seront conduits et auraient été fortifiés; que les lettres soient envoyées; les vaisseaux auraient été pris et liés; l'ennemi sera effrayé et il serait tenu; les oiseaux seront pris et dévorés.

4ᵉ THÈME.

Statua dicabatur; exercitus ductus esset; milites imperarentur; terra fodietur; homines capiendi et puniendi; nostra munera mittuntur; tenta sunt; mei fructus vorati essent; libri

DE LATINITÉ.

DEVOIRS.	CORRIGÉS.
livres utiles seraient consacrés ; que vos sœurs soient instruites, et que vos frères fussent nourris ; les fils estimés et loués seront priés ; nos travaux faciles à être conduits.	utiles dicarentur ; tuæ sorores doceantur, et tui fratres alerentur ; nati æstimati et laudati rogabuntur ; nostri labores faciles ductu.

4ᵉ Version.

Animalia creata sunt et vorarentur ; nostra anima nutrita fuerit ; tuæ epistolæ missæ fuissent et tenentur ; campi fossi fuerant et munirentur ; fructus arborum vorati fuerint ; arbores horti dicandæ ; currus exercitûs ducentur ; mea mater rogata est ; nostri famuli nutriuntur et docentur ; leges utiles mittebantur ; statuæ jubebuntur et dicatæ erunt.	Les animaux ont été créés et seraient dévorés ; notre âme aura été nourrie ; tes lettres auraient été envoyées et seront tenues ; les champs avaient été percés et seraient fortifiés ; les fruits des arbres auront été dévorés ; les arbres du jardin devant être consacrés ; les chars de l'armée seront conduits ; ma mère a été priée ; nos serviteurs sont nourris et instruits ; les lois utiles étaient envoyées, les statues seront commandées et auront été consacrées.

Exercices sur les verbes irréguliers et défectueux.

1ᵉʳ Thème.

Réjouissons-nous ; il faut que tu te réjouisses ; nous aurions eu coutume ; il sera permis aux hommes ; j'avais eu du chagrin ; le soldat osera ; je me repentirai ; elles se sont repenties ; le Seigneur aurait pitié ; l'enfant commence à se repentir ; salut, monsieur ; portez-vous bien ; vous avez pu et vous n'avez pas voulu ; elles haïront ; les élèves deviendraient savans ; nous sommes devenus sages, disent-ils.	Gaudeamus ; oportet ut gaudeas ; soliti essemus ; licebit hominibus ; me piguerat ; miles audebit ; me pœnitebit ; illas pœnituit ; Dominum misereret ; puerum incipit pœnitere ; salve, domine ; valeto ; potuistis et noluistis ; oderint ; discipuli fierent docti ; facti sumus sapientes, inquiunt.

DEVOIRS.

1re VERSION.

v.

Ave, rex cœlorum; homines sapientes, gaudete; magistri prudentes solent; libuit civibus; nos pœniteret; virgines pudoisset; illas miserebat; viatores tædebat; incipit eos pigere; salvete, heroes fortes; avete, patres nostri; oportebat ut fieres doctus; nolite odisse; potuissetis audere; mei famuli facti sunt dociles; fient sapientissimi; fiant felices.

2e THÈME.

Portez, je vous prie; fassent [subj. n.] les dieux; les hommes connaissaient; ils commenceront; le serviteur ne voulait pas; il aurait mieux aimé; les habitans offriront; ils auraient apporté; le roi ôtera; les voleurs ont enlevé; il voudra se bien porter; les poètes s'ennuyaient; les peuples paresseux ont honte; il plaira à nos amis; les vieillards et les enfans ont eu coutume.

2e VERSION.

Afferte, quæsumus; viri sancti solent [subj.]; faxit Cœlum; libuisset regi et populis; fratres et sorores noverant; discipulos pigros pudebit; incipiet eos tædere; nautas pœniteret; pater et mater irati noluerunt; filii et natæ malebant; corvus attulisset; hostes

CORRIGÉS.

1re VERSION.

Salut, roi des cieux; hommes sages, réjouissez-vous; les maîtres prudens ont coutume; il plut aux citoyens; nous nous repentirions; les vierges auraient eu honte; elles avaient pitié; les voyageurs s'ennuieront; ils commencent à être fâchés; salut, héros courageux; salut, nos pères; il fallait que tu devinsses savant; ne veuillez pas haïr; vous auriez pu oser; mes serviteurs sont devenus dociles; ils deviendront très-sages; qu'ils deviennent heureux.

2e THÈME.

Ferte, quæso; faxint superi; homines noverunt; cœperint; famulus nolebat; maluisset; incolæ offerent; attulissent; rex auferet; latrones abstulerunt; volet valere; poetas tædebat; populos pigros pudet; libebit nostris amicis; senes et pueri soliti sunt.

2e VERSION.

Apportez, nous vous prions; les hommes saints ont coutume; fasse le Ciel; il eût plu au roi et aux peuples; les frères et les sœurs connaissaient; les élèves paresseux auront honte; ils commenceront à s'ennuyer; les matelots se repentiraient; le père et la mère irrités ne voulurent pas; les fils et les filles aimaient mieux; le corbeau eût apporté;

DE LATINITÉ.

DEVOIRS.

auferebant; magistri voluerunt referre; animal crudele non fiet mite; voluit Deus, et omnia negotia facta sunt.

CORRIGÉS.

les ennemis emportaient; les maîtres voulurent rapporter; l'animal cruel ne deviendra pas doux; Dieu voulut, et toutes choses furent faites.

Exercices sur les mots indéclinables.

1ᵉʳ THÈME.

Nous travaillerons utilement; les ouvriers auraient agi très-prudemment; mais ils ont vécu très-misérablement; écrivez mieux afin que vous puissiez lire très-bien. Les oiseaux ont chanté très-facilement. Ce livre est écrit plus savamment. Vous imitez très-mal. Mes amis sont dans le jardin; ils n'écoutent nullement. Les poètes de la république avaient vécu d'une manière très-célèbre.

1ᵉʳ THÈME.

Laborabimus utiliter; opifices egissent prudentissimè; sed vixerunt miserrimè; scribe melius, ut possis legere optimè. Aves cantaverunt facillimè. Hic liber scribitur doctius. Imitaris pessimè. Mei amici sunt in horto; minimè audiunt. Poetæ reipublicæ vixerant celeberrimè.

1ʳᵉ VERSION.

Homines docti audiverunt optimè. Famuli servient utilius. Asini minimè arant. Pisces natarent facilius. Arbores utiles positæ sunt in campo, et aves erant sub foliis. Vivite facilius et melius; minimè, inquit serpens; non moriemini; sed eritis similes Deo. Opera hujus auctoris malè scripta sunt et sine utilitate.

1ʳᵉ VERSION.

Les hommes savans entendiront très-bien. Les serviteurs serviront plus utilement. Les ânes ne labourent nullement. Les poissons nageraient plus facilement. Les arbres utiles ont été placés dans le champ, et les oiseaux étaient sous les feuilles. Vivez plus facilement et mieux; point du tout, dit le serpent; vous ne mourrez pas; mais vous serez semblables à Dieu. Les ouvrages de cet auteur ont été mal écrits et sans utilité.

2ᵉ THÈME.

La terre est sous le ciel. Vos livres sont sur la table. Vous viendrez sans troupeau. Je vais vers

2ᵉ THÈME.

Terra sub cœlo est. Vestri libri sunt in tabulà. Venietis sine grege. Eo apud patrem. Hæc urbs

DEVOIRS.

mon père. Cette ville est entre le fleuve et la montagne. Puisque vous êtes sages, réjouissez-vous. Hélas! mon fils est mort pour moi; cependant il vit dans le ciel. Malheur aux hommes paresseux. Je travaillerai avec vous, si vous voulez venir avec moi en classe.

2ᵉ Version.

Coram judicibus, loquere cum veritate. Euge! puer bone, venies ad metam. Utinam! Deus sit nobiscum. Scribam de amœnitate ruris. Væ! mihi, væ! tibi misero; nam sumus in civitate hostium. Attamen exercitus venient et liberabimur ab omnibus malis. Audite ergo; mea consilia erunt vobis utilissima per vitam.

CORRIGÉS.

est inter fluvium et montem. Quùm sis sapiens, lætare. Heu! meus filius mortuus est pro me; attamen vivit in cœlo. Væ hominibus pigris. Laborabo tecum, si vis venire mecum in scholam.

2ᵉ Version.

En présence des juges, parlez avec vérité. Courage, bon jeune homme, tu arriveras au but. Plaise au Ciel! que Dieu soit avec nous. J'écrirai sur l'agrément de la campagne; malheur à moi; malheur à toi misérable; car nous sommes dans la ville des ennemis. Cependant les armées viendront et nous serons délivrés de tous maux. Ecoutez donc; mes conseils vous seront très-utiles pendant la vie.

SECONDE PARTIE.

SYNTAXE DE CONCORDANCE.

Accord des substantifs entre eux.

DEVOIRS.

1ᵉʳ Thème.

Le laurier arbre ; du laurier arbre ; au laurier arbre. Le soleil globe et lumière. De la lune astre et flambeau. Aux fleurs plantes et ornemens. Rome ville et république ; à la ville de Rome capitale. De l'Angleterre île et royaume. Aux lois garanties. Du roi soldat et citoyen. Au seigneur ami et protecteur.

1ʳᵉ Version.

Quercus symbolum. Leo animal ; leones animalia, Ægyptus regio et regnum. Massiliæ urbi et portui. Deo principio et fini. Æsopus et Phædrus servi et auctores. Phædro et Æsopo servis et auctoribus. Plantarum ornamentorum et alimentorum.

2ᵉ Thème.

A Jules César empereur et conquérant. O Virgile poète et favori ! De Cicéron consul et orateur. A la ville de Versailles séjour. De Charles roi, père et libéra-

CORRIGÉS.

1ᵉʳ Thème.

Laurus arbor ; lauri arboris ; lauro arbori. Sol globus et lumen. Lunæ astri et facis. Floribus plantis et ornamentis. Roma urbs et respublica ; urbi Romæ capiti. Angliæ insulæ et regni. Legibus securitatibus. Regis militis et civis. Domino amico et protectori.

1ʳᵉ Version.

Le chêne symbole ; le lion animal ; les lions animaux. L'Egypte contrée et royaume. A Marseille ville et port. A Dieu commencement et fin. Esope et Phèdre esclaves et auteurs. A Phèdre et à Esope serviteurs et auteurs. Des plantes ornemens et alimens.

2ᵉ Thème.

Julio Cæsari imperatori et domitori. O Virgili poeta et gratiose ! Ciceronis consulis et oratoris. Urbi Versaliis sedi. Caroli regis, patris et liberatoris. Gal-

DEVOIRS.	CORRIGÉS.
teur. A la France nation et royaume. Le ciel patrie et récompense. O Dieu créateur père et juge. De Dieu créateur père et juge. Au seigneur prêtre et victime.	liæ genti et regno. Cœlum patria et merces. O Deus creator, pater et judex. Dei creatoris patris et judicis. Domino sacerdoti et victimæ.

2e VERSION.

Urbs Syracusæ. Urbis Athenarum. Urbium Versaliarum et Lutetiæ. Regibus militibus et civibus. Aquilæ aves et vexilla. Canibus custodibus et amicis. Davidi regi et prophetæ. Abrahami pastoris et patriarchæ. Homini cineri et pulveri.	La ville de Syracuse. De la ville d'Athènes. Des villes de Versailles et de Paris. Aux rois soldats et citoyens. Les aigles oiseaux et enseignes. Aux chiens gardiens et amis. A David roi et prophète. D'Abraham pasteur et patriarche. A l'homme cendre et poussière.

Accord de l'adjectif avec le substantif.

1er THÈME.

L'étude utile et nécessaire; de l'étude utile et nécessaire; à l'étude utile et nécessaire. Par le travail constant et facile. Nous sommes heureux et pauvres. Les hommes savans sont très-modestes. Vous deviendrez grands et riches. Soyez toujours dociles et laborieux. La haine est un vice bien honteux. Votre ami est le plus aimable des hommes. Vos livres sont précieux et rares. Le père et le fils sont morts pauvres, mais contens.	Studium utile et necessarium; studii utilis et necessarii; studio utili et necessario. Labore constante et facili. Sumus pauperes et felices. Homines docti sunt modestissimi. Fietis magni et divites. Estote semper dociles et laboriosi; odium est vitium turpissimum. Tuus amicus est amabilissimus hominum. Tui libri sunt pretiosi et rari; pater et filius mortui sunt pauperes, sed contenti.

1re VERSION.

Labor constans et vanus; laboris constantis et vani; labori constanti et vano. Opera Dei sunt mirabilia. Discipuli dociles fiunt docti. Mendacium est turpissimum. Pater et mater erunt gratissimi. Frater et soror fuissent	Le travail constant et vain; du travail constant et vain; au travail constant et vain. Les ouvrages de Dieu sont admirables. Les élèves dociles deviennent savans. Le mensonge est très-honteux. Le père et la mère seront très-reconnaissans. Le frère et la

DE LATINITÉ.

DEVOIRS.

aimables. Vir et mulier fuêre prudentissimi. Gaudium et mœstitia sunt maximè contraria.

2ᵉ Thème.

Le travail et la paresse sont (choses *negotia*) très-opposés. Cette colonne et ce tableau sont des monumens précieux. Vous devenez sage et prudent. Soyez toujours amis fidèles. La paix et le bonheur furent connus dans cette maison. La sœur et le frère, enfans très-bons, ont imité. Le rossignol et le paon, oiseaux bien différens, ont été apportés. Le voyageur est parti bien triste ; il reviendra plus joyeux. La vie est courte et incertaine.

2ᵉ Version.

Virgo et adolescens fuerant semper castissimi ; fient beati. Leo et panthera sunt maximè formidandi. Ovis et capella, animalia innocua, sunt mitissimæ. Asinus et bos sunt animalia utilissima. Virtus amata est. Vitium turpe vituperatum est. Hostes interfecti sunt. Lucretia et mancipium ejus fuerunt castæ.

CORRIGÉS.

sœur auraient été aimables. Le mari et la femme furent très-prudens. La joie et la tristesse sont très-opposées.

2ᵉ Thème.

Labor et pigritia sunt maximè contraria. Hæc columna et hæc tabella sunt monumenta pretiosa. Fis sapiens et prudens. Estote semper amici fideles. Pax et felicitas cognita fuêre in hâc domo. Frater et soror, liberi optimi, imitati sunt. Luscinia et pavo, aves maximè dissimiles, allati sunt. Viator profectus est tristissimus ; redibit lætior. Vita est brevis et incerta.

2ᵉ Version.

La fille et le jeune homme avaient été toujours très-chastes ; ils deviendront heureux. Le lion et la panthère sont très-redoutables. La brebis et la chèvre, animaux innocens, sont très-douces. L'âne et le bœuf sont des animaux très-utiles. La vertu fut aimée. Le vice honteux a été blâmé. Les ennemis ont été tués. Lucrèce et sa servante furent chastes.

Accord de l'adjectif pronominal et du pronom avec le substantif.

1ᵉʳ Thème.

Le roi qui est un prince bienveillant. Mon père qui est un homme généreux. Votre mère qui est une femme très-charitable. Les temples qui sont des asyles certains. Les oiseaux dont

1ᵉʳ Thème.

Rex qui est princeps benevolus. Meus pater qui est homo generosus. Tua mater quæ est mulier beneficentissima. Templa quæ sunt refugia certa. Aves qua-

DEVOIRS.

les chants sont agréables. Votre château est antique; le mien est moderne. Nos troupeaux qui sont nombreux; les vôtres qui seront admirables. La France qui est un royaume puissant. L'empire romain qui fut célèbre. Les vertus qui sont une douce consolation.

1re Version.

Arator qui semper laborat. Avis rustica quæ modulatur. Scelus turpissimum quod nocet. Mens frater qui dormit. Mea mater quæ ægrotat. Meum brachium quod fert. Noster rex qui tuetur. Tuus consobrinus qui veniet. Tua opera quæ erunt perfecta. Nostris templis quæ sunt ornatissima. Lex quæ jubet.

2e Thème.

Le printemps, saison qui est très-agréable. Les animaux dont les mœurs sont douces. Vos défauts qui sont honteux et grands. Les arbres dont les feuilles et les fruits sont admirables. La charrue et le rateau, instrumens qui sont utiles. Mes reproches et mes conseils qui sont salutaires. La ville d'Athènes qui fut florissante. Lyon, votre ville natale, qui fut et qui sera toujours très-florissante. Ce fleuve qui est rapide.

2e Version.

Libri recentes qui sunt utilissimi. Fructus maturi qui erunt saluberrimi. Tua facta quæ erunt celebria. Latrones et proditores qui semper erunt similes et formidandi. Meus equus et mea vacca qui sunt utilissimi. Noster taurus et nostra juvenca qui

CORRIGÉS.

rum cantus sunt jucundi. Tuum castellum est antiquum; meum est recens. Nostra pecora quæ sunt numerosa; vestra quæ erunt admirabilia. Gallia quæ est regnum potens. Imperium Romanum quod fuit celebre. Virtutes quæ sunt dulce solatium.

1re Version.

Le laboureur qui travaille toujours. L'oiseau des champs qui module. Le crime très honteux qui nuit. Mon frère qui dort. Ma mère qui est malade. Mon bras qui porte. Notre roi qui protége. Ton cousin qui viendra. Tes ouvrages qui seront achevés. A nos temples qui sont bien ornés. La loi qui ordonne.

2e Thème.

Vers tempus quod est amœnissimum. Animalia quorum mores sunt mites. Tua vitia quæ sunt turpia et magna. Arbores quarum folia et fructus sunt mirabilia. Aratrum et rastrum, instrumenta quæ sunt utilia. Meæ objurgationes et mea consilia quæ sunt salutaria. Urbs Athenæ quæ fuit florens. Lugdunum, tua urbs natalis, quæ fuit et quæ erit semper florentissima. Hoc flumen quod est rapidum.

2e Version.

Les livres modernes qui sont très-utiles. Les fruits mûrs qui seront très-salutaires. Tes actions qui seront célèbres. Les voleurs et les traîtres qui seront toujours semblables et très-redoutables. Mon cheval et ma vache qui sont très-utiles. Notre taureau et no-

DEVOIRS.	CORRIGÉS.
sunt robustissimi. Algor et æstas quæ sunt maximè necessaria.	génisse qui sont très-robustes. L'hiver et l'été qui sont très-nécessaires.

Accord de l'adjectif et du substantif avec un infinitif.

1ᵉʳ Thème.

Il est honteux de mentir (le mentir est honteux ou une chose honteuse, *negotium turpe*.) Il sera utile de travailler. Il fut toujours plus sûr de pardonner. Il était très-prudent de partir. Il avait été heureux de connaître. Il eût été avantageux de posséder. Il serait dangereux de croire. Il aura été nuisible de parler. Qu'il soit bon d'écouter. Il avait été très-utile et très-agréable de voyager et de parcourir.

1ᵉʳ Thème.

Turpe est mentire. Utile erit laborare. Fuit semper tutius parcere. Erat prudentissimum proficisci. Fuerat faustum cognoscere. Fuisset commodum frui. Periculosum esset credere. Noxium fuerit loqui. Bonum sit audire. Fuerat utilissimum et jucundissimum peregrinari et peragrare.

1ʳᵉ Version.

Semper fuit periculosum adulari. Fuisset dulce amare. Erit maximè necessarium arare. Fuit acerbum castigare. Fuerit ridiculum clamare. Erat gloriosum defendere et mori. Est nobis facillimum ferre. Jucundissimum erit regnare. Magis utile fuisset parere et audire. Odiosum erat fallere et nocere. Sit bonum laborare et studere.

1ʳᵉ Version.

Il fut toujours dangereux de flatter. Il eût été doux d'aimer. Il sera très-nécessaire de labourer. Il fut dur de châtier. Il aura été ridicule de crier. Il était glorieux de défendre et de mourir. Il nous est très-facile de supporter. Il sera très-agréable de régner. Il eût été plus utile d'obéir et d'écouter. Il était odieux de tromper et de nuire. Qu'il soit bon de travailler et d'étudier.

2ᵉ Thème.

C'est un crime de voler (voler est un crime). C'était une offense de croire. Ce sera un tourment de penser. Ce fut un mal d'agir. C'était un danger très-grand d'aller et de séjourner. C'eût été

2ᵉ Thème.

Scelus est furari. Erat offensio credere. Erit cruciatus putare. Fuit malum agere. Periculum erat maximum ire et morari.

DEVOIRS.	CORRIGÉS.

une imprudence de parler; mais ce sera toujours un très-grand avantage d'écouter attentivement. Ce serait la faute la plus grave d'entreprendre et de négliger.

Fuisset imprudentia loqui; sed erit semper maxima utilitas audire attente. Esset culpa gravissima suscipere et negligere.

2ᵉ VERSION.

Mussitare est culpa. Error erit credere. Est voluptas dormire placidè. Fuisset malum accipere et non dare. Victoria fuit fugere. Esset gloria parcere et oblivisci. Sit honor pugnare fortiter. Fuerat turpitudo otiari et negligere. Esset utilitas audire attentè. Est improbitas decipere aut furari.

2ᵉ VERSION.

C'est une faute de murmurer. Ce sera une erreur de croire. C'est un plaisir de dormir paisiblement. C'eût été un mal d'accepter et de ne pas donner. Ce fut une victoire de fuir. Ce serait une gloire d'épargner et d'oublier. Que ce soit un honneur de combattre vaillamment. Ç'avait été une honte de se reposer et de négliger. Ce serait un avantage d'écouter attentivement. C'est une méchanceté de tromper ou de voler.

Accord du verbe avec le sujet.

1ᵉʳ THÈME.

Je lisais souvent et vous n'écoutiez jamais. Ton père était malade; tu étais auprès de *son* lit (son *ejus*). Les hommes sages sont heureux; ils vivent sans remords. Le roi et la reine gouvernaient avec sagesse; ils vivaient dans une paix profonde. Mon ami et moi nous sommes très-satisfaits. Vous et vos parens vous avez travaillé. Le maître, le disciple et moi nous dormions.

1ᵉʳ THÈME.

Ego legebam saepè et tu nunquàm audiebas. Tuus pater erat æger; tu aderas cubili ejus. Homines sapientes sunt felices; vivunt sine conscientiæ stimulis. Rex et regina regebant cum sapientiâ; vivebant in pace altâ. Ego et meus amicus sumus maximè contenti. Tu et tui parentes laboravistis. Ego, magister et discipulus dormiebamus.

1ʳᵉ VERSION.

Ego miror; tu audis; ille legit. Ego loquor; tu dormis; ille

1ʳᵉ VERSION.

J'admire; tu écoutes; il lit. Je parle; tu dors; il rit. Le sol-

DE LATINITÉ.

DEVOIRS.	CORRIGÉS.
ridet. Miles et cives laborant. Mater et nata meditantur. Ego et tu docebimus. Tu et frater tuus garritis. Hoc infortunium et hic eventus monebunt. Ego, mater tua, et tuus amicus morabimur. Turba semper plaudent.	dat et les citoyens travaillent. La mère et la fille méditent. Vous et moi nous enseignerons. Vous et votre frère vous causez. Ce malheur et cet événement avertiront. Votre mère, votre ami et moi nous nous arrêterons. La foule applaudit toujours.

2ᵉ Thème.

La multitude accourait et considérait. Toute l'armée était dans la tristesse. La foule admirait et se réjouissait. La plus grande partie vit dans le luxe et la molesse. Un grand concours de jeunes gens fut aperçu. Le roi et le royaume, tout fut abandonné. Vous et lui craignez et soyez prudens. Fils ingrat et père inhumain, vous serez jugés sans indulgence. Soyez heureux, oncle et tante chéris.	Turba accurrebant et tuebantur. Omnis exercitus erant in tristitiâ. Multitudo mirabantur et lætabantur. Maxima pars vivunt in luxu et mollitie. Magnus concursus juvenum visi sunt. Rex et regnum, omnia deserta sunt. Tu et ille timete et estote prudentes. Fili ingrate et pater inhumane judicabimini sine indulgentiâ. Estote beati, avuncule et amita dilecti.

2ᵉ Version.

Pluvia et nix nocebunt. Rex et ministri lætabantur. Hæc salix, hæc populus quæ sunt densæ, sunt etiam altissimæ. Ego et mei fratres erimus tui servi. Tu solus eris meus famulus. Nos et tui parentes peregrinati sumus; sed vos morati estis. Ego, tuus pater et tua mater cantavimus et tu audivisti.	La pluie et la neige nuiront. Le roi et les ministres se réjouissaient. Ce saule, ce peuplier qui sont touffus, sont aussi très-hauts. Mes frères et moi nous serons tes esclaves. Toi seul, tu seras mon serviteur. Vos parens et nous, nous avons voyagé; mais vous vous êtes arrêtés. Votre père, votre mère et moi nous avons chanté et vous avez écouté.

SYNTAXE DE RÉGIME.

Substantif régime d'un autre substantif.

DEVOIRS.

1ᵉʳ Thème.

La gloire du Seigneur est grande. Les ouvrages de l'auteur modeste sont parfaits. Vous serez le seul soutien de votre père infortuné. Le château du prince et de la famille royale était le refuge des malheureux. Rome fut toujours la capitale des nations. Le fleuve du Pô n'est pas le plus grand des fleuves.

1ʳᵉ Version.

Acervus frumenti erat maximus. Arbores sylvæ erant altissimæ. Flamma incendii fuit densa. Odor florum fuisset suavis. Rigor hiemis erit gravissimus. Morbus matris et valetudo filii sunt opus temporis. Apes sunt ornamentum horti. Virtus est via cœli, et janua paradisi.

2ᵉ Thème.

Votre mère, femme d'une bonté rare, est la protectrice des orphelins. Le plus jeune des élèves est le plus laborieux de la classe. Enfant d'un caractère aimable, soyez le modèle des enfans de votre âge. Ce vieillard d'un âge avancé est cependant d'une force de corps et d'une pénétration d'esprit bien remarquables.

CORRIGÉS.

1ᵉʳ Thème.

Gloria domini est magna. Opera auctoris modesti sunt perfecta. Eris unicum auxilium tui patris infelicis. Castellum principis et familiæ regiæ erat refugium miserorum. Roma fuit semper caput gentium. Flumen Eridanus non est maximus fluviorum.

1ʳᵉ Version.

Le tas de blé était très-grand. Les arbres de la forêt étaient très-hauts. La flamme de l'incendie fut épaisse. L'odeur des fleurs eût été douce. La rigueur de l'hiver sera très-dure. La maladie de la mère et la santé du fils sont l'ouvrage du temps. Les abeilles sont l'ornement du jardin. La vertu est le chemin du ciel, et la porte du paradis.

2ᵉ Thème.

Tua mater, mulier bonitatis raræ, est tutela pupillorum. Maximè juvenis discipulorum est laboriosissimus scholæ. Puer indole amabili, esto exemplar puerorum tuæ ætatis. Hic senex ætatis provectæ est tamen vis corporis et perspicacitatis maximè conspicuarum.

DEVOIRS.

2ᵉ VERSION.

Tua soror est mulier bonâ famâ. Iste dux est homo generis clari. Nati sunt sanguinis puri. Incolæ pagi sunt vultu læto. Milites regis erant habitûs pulcherrimi. Animalia ruris sunt solertiâ rarâ. Leo fuit semper generositate eximiâ; asinus autem est pigritiâ et pervicacitate miris.

CORRIGÉS.

2ᵉ VERSION.

Ta sœur est femme de bonne réputation. Ce chef est homme d'une origine illustre. Les fils sont d'un sang pur. Les habitans du bourg sont d'un visage gai. Les soldats du roi étaient d'un extérieur très-beau. Les animaux de la campagne sont d'une adresse rare. Le lion fut toujours d'une générosité distinguée; mais l'âne est d'une paresse et d'une opiniâtreté surprenantes.

Verbe régime d'un substantif.

THÈME.

L'heure de dîner; le moment de jouer. Le temps de partir. Voici l'occasion favorable de travailler utilement. Le danger de connaître et de fréquenter les méchans. L'utilité de lire l'histoire sainte. Les moyens d'accomplir une résolution avantageuse. Voilà la saison de cueillir les fleurs et de récolter les fruits. Le mérite de pardonner. La nécessité de fuir le mal et de pratiquer la vertu. Soyez pour vos amis l'occasion de faire une bonne action. Le pouvoir de rendre les peuples heureux. La volonté de réprimer les passions honteuses. Le désir d'acquérir des connaissances utiles. La crainte de pécher.

THÈME.

Hora prandiendi; momentum ludendi. Tempus proficiscendi. Ecce occasio secunda laborandi utiliter. Periculum cognoscendi et frequentandi malos. Utilitas legendi historiam sacram. Rationes exequendi consilium utile. Ecce tempus legendi flores et colligendi fructus. Meritum parcendi. Necessitas fugiendi malum et colendi virtutem. Estote amicis vestris occasio agendi bonam actionem. Potestas efficiendi populos beatos. Voluntas reprimendi libidines turpes. Desiderium acquirendi notiones utiles. Metus peccandi.

VERSION.

Cupiditas discendi. Honor superandi. Gloria pugnandi et moriendi pro patriâ. Laus regendi

VERSION.

Le désir d'apprendre. L'honneur de vaincre. La gloire de combattre et de mourir pour la patrie. La gloire de gouverner

DEVOIRS.

et ducendi. Voluntas edocendi juventutem. Desiderium hostis pugnandi. Pudor fugiendi prædam. Metus concedendæ victoriæ. Dolor parentis amittendi. Ars et rationes inveniendi felicitatem. Potestas vitiorum reprimendorum. Gaudium accipiendi epistolam. Consuetudo officiorum negligendorum. Mœror accipiendi nuntium infaustum. Causa vituperandarum culparum.

CORRIGÉS.

et de conduire. La volonté d'instruire la jeunesse. Le désir de combattre l'ennemi. La honte de fuir le butin. La crainte d'accorder la victoire. La douleur de perdre un père. L'art et les moyens de trouver le bonheur. Le pouvoir de réprimer les vices. La joie de recevoir une lettre. L'habitude de négliger les devoirs. Le chagrin de recevoir une nouvelle fâcheuse. Le motif de blâmer les fautes.

Substantif régime d'un adjectif avec ou sans préposition.

THÈME.

Autrefois vous étiez avides de bons livres, maintenant vous êtes désireux de choses inutiles. Soyez reconnaissans des bienfaits reçus. Nous devons être curieux de connaître les belles actions des hommes illustres. Vous serez doués de qualités rares lorsque vous deviendrez semblables à ce vénérable vieillard qui est allié au roi. Cet enfant est plein de bons sentimens; il est égal à cet élève laborieux. L'étude est très-utile aux enfans qui veulent devenir savans. Si vous suivez les conseils de votre oncle, homme patient dans l'infortune, vous serez digne de la confiance de vos concitoyens, et vous serez content de votre sort. Ce maître est porté à la douceur et à l'indulgence.

THÈME.

Aliàs eratis avidi bonorum librorum; nunc cupidi estis rerum inutilium. Estote memores beneficiorum acceptorum. Debemus esse cupidi cognoscendi egregias actiones hominum illustrium. Eritis præditi dotibus raris, cùm fietis similes hujus senis venerandi, qui est affinis regis. Hic puer plenus est bonâ mente; æqualis est huic alumno laborioso. Studium est utilissimum pueris qui volunt fieri docti. Si sequeris consilia tui avunculi, hominis patientis infortunii, dignus eris fiduciâ tuorum civium, et eris contentus tuâ sorte. Iste magister est propensus ad lenitatem et indulgentiam.

VERSION.

Hi discipuli erant studiosi bonorum librorum. Istæ vestes sunt similes mearum. Duces et mili-

VERSION.

Ces élèves étaient amateurs de bons livres. Ces habits sont semblables aux miens. Les chefs et

DE LATINITÉ.

DEVOIRS.	CORRIGÉS.
tes sunt avidissimi præliorum. Imperator Nero erat proclivis ad crudelitatem. Otium et labor sunt commoda sanitati. Galli assueti laboribus non erant expertes virtutis. Ovis fuit patiens injuriæ; lupus autem erat avidus cædis. Hæc animalia sunt digna nostrâ attentione. Faber qui rudis est suæ artis, non est idoneus labori. Sumus omnes avidi cognoscendi. Nunquàm erimus contenti nostro habitu. Estote digni laudibus nostris.	les soldats sont très-avides de combats. L'empereur Néron était enclin à la cruauté. Le repos et le travail sont utiles à la santé. Les Gaulois accoutumés aux travaux n'étaient pas privés de courage. La brebis souffrit l'injure; mais le loup était avide de carnage. Ces animaux sont dignes de notre attention. L'ouvrier qui ignore son art, n'est pas propre au travail. Nous sommes tous avides de connaître. Nous ne serons jamais contens de notre état. Soyez dignes de nos louanges.

Verbe régime d'un adjectif au moyen d'une préposition, ou sans préposition.

THÈME.	THÈME.
Le père de famille est porté à pardonner. Ces enfans sont propres à travailler. Nous serons accoutumés à lire. Vous étiez digne d'être aimé. Votre ami est de retour de se promener. Ce spectacle est admirable à voir. Cette affaire était difficile à comprendre. Les bœufs sont accoutumés à labourer. Les généraux seront de retour de combattre. Vous êtes indignes d'être récompensés. Il faut que nous soyons aptes à étudier. Les habitans des champs sont portés à travailler. Tous les hommes sont enclins à mentir. Cet ouvrage était difficile à terminer. Soyez portés à pardonner et vous serez dignes d'être loués.	Pater-familias est pronus ad ignoscendum. Hi pueri sunt apti ad laborandum. Erimus assueti legendo. Eratis digni amari. Tuus amicus est redux ab ambulando. Hoc spectaculum est mirabile visu. Hoc negotium erat difficile intellectu. Boves sunt assueti arando. Duces erunt reduces à pugnando. Estis indigni remunerari. Oportet ut simus apti ad studendum. Incolæ ruris sunt proni ad laborandum. Omnes homines sunt proclives ad mentiendum. Hoc opus erat difficile perfectu. Estote proni ad parcendum, et eritis digni laudari.

VERSION.	VERSION.
Vir probus est pronus ad opitulandum. Princeps erat assue-	L'homme de bien est enclin à secourir. Le prince était accou-

DEVOIRS.

tus ignoscendo. Hæc planta est apta ad sanandum morbos. Semper eritis digni amari. Hæc domus est mirabilis visu. Hæc veritas erat difficillima inventu. Nostri discipuli sunt semper parati ad ludendum. Magistri erunt proni ad obliviscendum culpas discipulorum. Homines non sunt omnes nati ad arma : sed omnes apti sunt ad laborandum et ad colendum virtutem. Rex est redux à venando et à peregrando saltus (peragrandis saltibus).

CORRIGÉS.

tumé à pardonner. Cette plante est propre à guérir les maladies. Vous serez toujours dignes d'être aimés. Cette maison est admirable à voir. Cette vérité était très-difficile à trouver. Nos élèves sont toujours prêts à jouer. Les maîtres seront portés à oublier les fautes des élèves. Les hommes ne sont pas tous nés pour les armes; mais ils sont tous propres à travailler et à pratiquer la vertu. Le roi est de retour de chasser et de parcourir les bois.

Substantif ou pronom régime d'un comparatif.

THÈME.

Le lion est plus généreux que les autres animaux. Vous êtes plus savant que votre frère. Ce poète est plus habile que cet orateur. Nous sommes plus pieux que les habitans de cette ville. Ce général fut toujours plus habile et plus courageux que les autres ; mais il était moins indulgent envers les soldats. Il faudra que vous soyez plus laborieux que vos condisciples. Devenez plus sage que votre cousin. Cette bonne mère est plus malheureuse que nous. La vertu sera toujours plus précieuse que les richesses. La médiocrité est plus sûre qu'une grande fortune.

THÈME.

Leo est generosior cæteris animalibus. Es doctior tuo fratre. Hic poeta est peritior hoc oratore. Sumus magis pii quam incolæ hujus urbis. Hic dux fuit semper peritior et fortior aliis ; sed erat minus indulgens erga milites. Oportebit ut sis laboriosior quam tui condiscipuli. Fi sapientior tuo consobrino. Hæc bona mater est infelicior nobis. Virtus erit semper pretiosior divitiis. Mediocritas est tutior magnâ fortunâ.

VERSION.

Cervus est fortior caprâ. Populus est celsior quàm salix. Hoc consilium fuit nobis utilius quàm jucundius. Canis est fidelior quàm feles. Oves sunt innocentiores

VERSION.

Le cerf est plus fort que la chèvre. Le peuplier est plus élevé que le saule. Ce conseil nous fut plus utile qu'agréable. Le chien est plus fidèle que le chat. Les

DEVOIRS.	CORRIGÉS.

quàm lupi. Hæc opera breviora sunt nostris. Hortus mei amici latior est agro isto. Urbs hæc est antiquior pago nostro. Debemus esse sapientiores nostris majoribus. Oratores Romani erant eloquentiores quàm legati Galliarum. Milites Græci erant peritiores militibus Barbarorum. Hæc statua est elegantior hoc busto. Aurum non est pretiosius sed est utilius adamante; at ferrum magis est necessarium. Rana non erat latior bove. Æneas erat sincerior Græcis.

brebis sont plus innocentes que les loups. Ces ouvrages sont plus courts que les nôtres. Le jardin de mon ami est plus large que ce champ. Cette ville est plus ancienne que notre village. Nous devons être plus sages que nos ancêtres. Les orateurs Romains étaient plus éloquens que les députés Gaulois. Les militaires Grecs étaient plus habiles que les soldats des Barbares. Cette statue est plus élégante que ce buste. L'or n'est pas plus précieux, mais il est plus utile que le diamant; cependant le fer est plus nécessaire. La grenouille n'était pas plus grosse que le bœuf. Enée était plus franc que les Grecs.

Régime d'un verbe actif

1ᵉʳ Thème.

Nous aimons Dieu, nos parens et nos amis; nous devons aimer aussi nos ennemis. Avertissez les enfans indociles, et récompensez les écoliers laborieux. Vous avez lu de belles histoires, et vous avez vu des monumens précieux. Recevez la promesse d'une amitié sincère. Nous entendrons bientôt un très-beau discours. Nous connaissons l'auteur qui a composé ce livre.

1ᵉʳ Thème.

Amamus Deum, nostros parentes et nostros amicos; debemus etiam amare nostros inimicos. Monete pueros indociles, et remunerate discipulos laboriosos. Legisti pulchras historias et vidisti monumenta pretiosa. Accipe promissum amicitiæ sinceræ. Audiemus brevi orationem pulcherrimam. Cognoscimus auctorem qui scripsit hunc librum.

1ʳᵉ Version.

Deus videt ac regit res humanas. Fortuna juvat audentes. Fulmina feriunt summos montes. Nox humida abstulit cœlum. Sæpe insania mutat mentem hominum. Ante pœnam timor oc-

1ʳᵉ Version.

Dieu voit et gouverne les choses humaines. La fortune favorise les audacieux. La foudre frappe les hautes montagnes. La nuit humide a dérobé le ciel. Souvent la folie change l'esprit des hommes. Avant le châti-

DEVOIRS.

cupat sontem. Multa incommoda circumveniunt senem. Virtus parit gloriam. Timor arguit animos degeneres. Dii (ut) secundent nostra incœpta. Aquilæ feroces non progenerant columbam.

2ᵉ Thème.

Votre frère a reçu la lettre que j'ai envoyée. Il la lira et la conservera précieusement. Appelez vos condisciples ; apportez les livres que vous avez achetés ; récitez la leçon que vous avez apprise, et recevez la récompense que j'ai promise. Mangez les fruits que j'ai cueillis. Cet aliment rétablira votre santé que les travaux ont altérée.

2ᵉ Version.

Cura vitiosa scandit naves æratas. Omnia vitia pugnant contra naturam. Malus pudor stultorum celat ulcera incurata. Legemus libros quos emisti. Misimus epistolam quam scripsisti. Vidimus eximiam tabellam pictoris et laudavimus eam. Levamentem quam amici sane fideles turbant. Accipiemus mercedem quam Deus promisit. Colite Deum, patriam et principem.

CORRIGÉS.

ment, la crainte s'empare du coupable. Beaucoup d'incommodités environnent le vieillard. La vertu produit la gloire. La crainte décèle les esprits dégénérés. Que les dieux favorisent nos entreprises. Les aigles féroces n'engendrent point la colombe.

2ᵉ Thème.

Tuus frater accepit epistolam quam misi. Leget eam et servabit eam pretiose. Voca tuos condiscipulos ; afferte libros quos emisti ; recita lectionem quam didicisti, et accipe mercedem quam promisi tibi. Manduca fructus quos decerpsi. Hoc alimentum restituet tuam valetudinem quam labores immutaverunt.

2ᵉ Version.

Le souci rongeur pénètre dans les vaisseaux garnis d'airain. Tous les vices combattent la nature. La mauvaise honte des sots cache des plaies non guéries. Nous lirons les livres que vous avez achetés. Nous avons envoyé la lettre que vous avez écrite. Nous avons vu le beau tableau du peintre et nous l'avons loué. Calmez votre esprit que troublent des amis sans doute fidèles. Nous recevrons la récompense que Dieu a promise. Servez Dieu, la patrie et le prince.

Double régime des verbes actifs avec ou sans préposition.

Thème.

J'ai donné une récompense à l'enfant laborieux. Vous refusez

Thème.

Dedi mercedem puero laborioso. Denegas officium hominibus

DE LATINITÉ. 47

DEVOIRS.

un service aux hommes ingrats. Envoyez ces présens à votre aïeul, homme vénérable. Vous écrirez demain une longue lettre à vos amis qui vous répondront. Il faut que vous alliez au ruisseau ou à la fontaine. Venez avec moi à la ville. Vous voudriez aller en Italie. Les matelots ont jeté le corps de ce jeune homme dans la mer. Ils ont porté les fleurs aux champs et ils les ont plantées dans le jardin. Empruntez un livre à votre ami qui apporte une bibliothèque de la ville. Je vous ai délivrés du danger. Nous recevons une lettre du roi.

CORRIGÉS.

ingratis. Mitte hæc munera tuo avo, homini venerando. Scribes cras longam epistolam tuis amicis qui rescribent tibi. Oportet ut eas ad rivum aut ad fontem. Veni mecum ad urbem. Velles ire in Italiam. Nautæ jecerunt corpus hujus juvenis in mare. Tulerunt flores rura et plantaverunt eos in horto. Pete librum à tuo amico qui affert bibliothecam ab urbe. Liberavi vos è periculo. Accipimus epistolam à rege.

VERSION.

Timor addit alas pedibus. Dedi præmium discipulo docili. Ferte munera regi vestro. Nuntiate hoc infortunium civibus. Homo ad quem scripsisti epistolam, tibi rescribet. Venite mecum ad concionem sacram. Brevi ibimus Romam, in Italiam. Judices miserunt sontes in vincula, et hi infelices mortui sunt in carcere. Petite gratiam à Deo, et concedet eam vobis. Redeo ex urbe et nunc eo rus. Salvator liberavit nos à morte æternâ. Narraverunt somnia Josepho qui interpretavit ea. Rex arcessivit Josephum et credidit ei curam regni. Accipite spiritum sanctum. Ite, docete omnes gentes; remittite peccata eis.

VERSION.

La crainte donne des ailes aux pieds. J'ai donné une récompense à l'élève docile. Portez des présens à votre roi. Annoncez ce malheur aux citoyens. L'homme auquel vous avez écrit, vous répondra. Venez avec moi au sermon. Nous irons bientôt à Rome, en Italie. Les juges ont envoyé les coupables dans les fers, et ces malheureux sont morts dans la prison. Demandez une grâce à Dieu, et il vous l'accordera. Je reviens de la ville et maintenant je vais à la campagne. Le Sauveur nous a délivrés de la mort éternelle. Ils racontèrent les songes à Joseph qui les expliqua. Le roi fit venir Joseph et lui confia le soin du royaume. Recevez le saint-esprit. Allez, instruisez toutes les nations; remettez-leur les péchés.

Régime des verbes neutres, et neutres déponens.

DEVOIRS. | CORRIGÉS.

THÈME. | THÈME.

L'enfant docile étudiera ses leçons. Il obéira toujours aux maîtres. Le prince favorise les sciences et les arts. L'homme méchant aime à nuire aux autres. Un père et une mère craignent pour la santé d'un fils chéri. Nous devons secourir les malheureux. Le gouverneur de la ville a félicité les citoyens. Réjouissez-vous de cette nouvelle. Nous nous sommes acquittés de nos devoirs. Les sauvages se nourrissent de plantes et d'animaux. Les rois se sont servis des moyens les plus propres à favoriser le commerce et l'agriculture; et les peuples se sont réjouis de cette bonté, de cette libéralité inépuisable.

Puer docilis studebit suis lectionibus. Obediet semper magistris. Princeps favet scientiis et artibus. Homo malus amat nocere aliis. Pater et mater timent valetudini filii dilecti. Debemus opitulari miseris. Dux urbis gratulatus est civibus. Lætamini hoc nuntio. Functi sumus nostris pensis. Sylvatici vescuntur plantis et animalibus. Reges usi sunt rationibus aptissimis ad favendum commercio et agriculturæ; et populi lætati sunt hâc bonitate et hâc liberalitate maximâ.

VERSION. | VERSION.

Deus favebit semper hominibus justis. Oportet indulgere juvenibus. Nolite nocere aliis. Hæc bona mater timebat suo puerulo. Oportet ut studeas tuis lectionibus. Cives ditissimi opitulati sunt miseris. Non ignara mali, disco succurrere miseris. Inserviebam tuis commodis. Servite Domino in lætitiâ. Functi sumus munere nostro. Lætati sunt valdè reditu solis. Romani gratulati sunt victoriam Scipioni.

Dieu favorisera toujours les hommes justes. Il faut être indulgent pour les jeunes gens. Ne veuillez pas nuire aux autres. Cette bonne mère craignait pour son cher petit. Il faut que vous étudiez vos leçons. Les citoyens les plus riches ont secouru les malheureux. Connaissant le malheur, j'apprends à secourir les malheureux. Je songeais à vos intérêts. Servez le Seigneur dans la joie. Nous nous sommes acquittés de notre charge. Ils se réjouirent beaucoup du retour du soleil. Les Romains félicitèrent Scipion de sa victoire. Ser-

DE LATINITÉ.

DEVOIRS.	CORRIGÉS.
Utere fructibus omnium arborum paradisi. Noli timere vitæ tui patris. Deus favebit tibi. Discipuli debent studere ediscendis et fungi pensis quæ data sunt eis.	vez-vous des fruits de tous les arbres du paradis. Ne veuillez pas craindre pour la vie de votre père. Dieu te favorisera. Les élèves doivent étudier les leçons et s'acquitter des devoirs qui leur ont été donnés.

Régime des verbes déponens.

1ᵉʳ THÈME.

Les enfans sages imiteront les exemples des pères prudens. Le précepteur avait exhorté les disciples. Les ennemis méditaient une attaque nocturne. Vos ancêtres ont mesuré ce champ fertile. Les oiseaux du ciel chantent la gloire du créateur de l'univers. Vous trouverez un vieillard qui souffre la pauvreté. Le Seigneur promit un sauveur que les hommes ont admiré.

1ᵉʳ THÈME.

Pueri sapientes imitabuntur exempla patrum prudentium. Præceptor hortatus erat discipulos. Hostes meditabantur aggressionem nocturnam. Tui majores mensi sunt hunc agrum fertilem. Aves cœli cantant gloriam creatoris orbis. Invenies senem patientem paupertatis. Dominus pollicitus est salvatorem quem homines mirati sunt.

1ʳᵉ VERSION.

Mœror sequitur. Forsan melior fortuna sequetur miseros. Adepti sumus gloriam immortalem. Coacti sunt fateri stultitiam. Meditamini consilia utilia. Arator mensus est campos suos. Meditaris musam sylvestrem. Poeta modulabatur carmina. Præceptor pollicitus est mercedem nobis. Sequitor vestigia patris. Nunquam ultus est injurias.

1ʳᵉ VERSION.

Le chagrin suit. Peut-être un meilleur sort suivra les malheureux. Nous avons acquis une gloire immortelle. Ils furent forcés d'avouer leur sottise. Vous méditez des projets utiles. Le laboureur a mesuré ses champs. Vous modulez un air champêtre. Le poète modulait des vers. Le précepteur nous a promis une récompense. Suivez les traces du père. Il ne vengea jamais les injures.

2ᵉ THÈME.

Priez Dieu, maître de toutes choses. Le souverain juge sondera nos pensées les plus secrè-

2ᵉ THÈME.

Precare Deum, dominum omnium. Summus judex penetrabit cogitata maxime intima. Se-

DEVOIRS.	CORRIGÉS.

tes. Vous avez suivi les traces du voyageur. Consolez les malheureux qui souffrent des privations très-grandes. Hommes avares, attestez la vanité des biens de ce monde. L'armée protégera les citoyens paisibles. Nous avons craint la guerre et la famine. Ne vengez pas les injures reçues.

cutus es vestigia viatoris. Consolamini miseros qui patiuntur privationes maximas. Homines avari, testificamini vanitatem bonorum hujus mundi. Exercitus tuebitur cives placidos. Veriti sumus bellum et famem. Ne ulciscaris injurias acceptas.

2ᵉ Version.

Orsus est magnum opus. Precare Deum et venerare tuos parentes. Debemus solari infortunia captivorum. Milites aggressi sunt obsidionem urbis. Recordamini tempora novissima, et nunquam obliviscimini rationem adipiscendi vitam æternam. Secuti estis consilia quæ visa sunt utilia. Deus largitus est hominibus mentem sanam in corpore sano.

2ᵉ Version.

Il a commencé un grand ouvrage. Priez Dieu et honorez vos parens. Nous devons soulager les maux des captifs. Les soldats ont entrepris le siége de la ville. Rappelez-vous les temps derniers, et n'oubliez jamais le moyen d'acquérir la vie éternelle. Vous avez suivi des conseils qui ont paru utiles. Dieu a accordé aux hommes un esprit sain dans un corps sain.

Régime des verbes passifs.

1ᵉʳ Thème.

Les sciences sont cultivées par une jeunesse studieuse. L'homme vertueux sera loué par les hommes méchans. Ce château a été bâti par mon père. Cette chaumière fut construite par votre aïeule. L'armée romaine fut vaincue par les Gaulois. La ville de Rome fut prise et fut pillée par les Barbares. Ces arbres seront coupés par le bûcheron.

1ᵉʳ Thème.

Scientiæ coluntur à juventute studiosâ. Virtute præditus homo laudabitur ab hominibus malis. Hoc castellum ædificatum est à patre meo. Hæc casa structa est à tuâ aviâ. Exercitus romanus victus est à Gallis. Urbs Roma capta et direpta est à Barbaris. Hæ arbores putentur à frondatore.

1ʳᵉ Version.

Mundus creatus est à Deo potente. Opera hæc scripta sunt ab auctore doctissimo. Duces peritissimi capti sunt ab hostibus.

1ʳᵉ Version.

Le monde fut créé par Dieu tout-puissant. Ces ouvrages ont été écrits par un auteur très-savant. Les chefs les plus habiles

DE LATINITÉ.

DEVOIRS.

Oratio hæc habita est ab oratore eloquentissimo. Omnia reguntur à Providentiâ. Artes inventæ sunt ab hominibus studiosis. Palatium regis constructum est ab opificibus peritis.

2ᵉ THÈME.

Ce palais a été détruit par l'incendie. Vos amis sont affligés de cette nouvelle. Ces récoltes ont été détruites par la pluie et la grêle. Cette ville fut submergée par les eaux. La terre est ranimée par la chaleur du soleil. Nous sommes créés par la puissance de Dieu, et nous sommes conservés par la bonté de ce père très-bon. Les instans de la vie sont marqués par la peine et le plaisir.

2ᵉ VERSION.

Pater et filii afficiuntur mœrore. Superabimur necessitate. Iste pastor rumpitur invidiâ. Avis hæc vincitur formâ et magnitudine, at non vincitur cantu. Omnia absumpta sunt diluvio. Hæ segetes destructæ sunt imbribus et vento. Gentes exterritæ sunt monstris horrendis. Gloria Dei enarratur cœlis et terrâ.

CORRIGÉS.

ont été pris par les ennemis. Ce discours fut prononcé par un orateur très-éloquent. Tout est gouverné par la Providence. Les arts ont été découverts par des hommes studieux. Le palais du roi fut bâti par d'habiles ouvriers.

2ᵉ THÈME.

Hoc palatium destructum est incendio. Tui amici affliguntur hoc nuntio. Hæ segetes dispertitæ sunt pluviâ et grandine. Hæc urbs submersa est aquis. Terra recreatur calore solis. Creamur potentiâ Dei, et servamur bonitate hujus patris optimi. Momenta vitæ signata sunt dolore et gaudio.

2ᵉ VERSION.

Le père et les fils sont accablés de chagrin. Nous serons vaincus par la nécessité. Ce berger meurt d'envie. Cet oiseau est vaincu en forme et en grandeur, mais il n'est pas vaincu par le chant. Tout fut englouti par le déluge. Ces moissons furent détruites pas les pluies et le vent. Les nations furent épouvantée de ces prodiges étonnans. La gloire de Dieu est racontée par les cieux et la terre.

Verbe régime d'un autre verbe.

THÈME.

Nous aimons tous à parler. L'orateur voulut commencer,

THÈME.

Amamus omnes loqui. Orator voluit incipere, sed non potuit

DEVOIRS.	CORRIGÉS.
mais il ne put terminer son discours. Je souhaite partir bientôt. Vous désirez connaître les moyens les plus faciles. Venez entendre un chant héroïque. Nous irons visiter les tableaux de la galerie royale. Revenez prendre vos livres et vos cahiers. Les savans professeurs sont partis pour découvrir le prodige étonnant. Ils reviendront communiquer le résultat des recherches faites. Allez secourir cette famille qui gémit dans la misère. Vous venez, sans doute, admirer nos contrées et les productions de notre sol.	perficere orationem. Cupio proficisci brevi. Optas cognoscere rationes facillimas. Venite auditum carmen heroïcum. Ibimus invisuri tabellas pinacothecæ regiæ. Redite sumpturi vestros libros et vestros codices. Docti professores profecti sunt inventum prodigium mirandum. Redibunt ostendere exitum perquisitionum actarum. Ite opitulatum huic familiæ quæ gemit in infortunio. Venitis haud dubio, miraturi nostras regiones et productiones nostri soli.

Version.

Debemus legere atque meditari historiam populorum. Possum acquirere famam honestam. Volumus cognoscere facta aliorum, Statui custodire mandata Dei. Eamus unà ambulatum. Venite, amici, spectatum nugas difficiles. Viatores profecti sunt invisuri monumenta urbis Athenarum. Venistis ad explorandum loca parùm munita. Abiit latro ut spoliaret incolas pagi. Senes et juvenes ibant audituri orationem. Proficiscar invisurus parentes et amicos meos. Ibimus ad emendum annonam. Veniunt studendi causâ et ut faveant laboribus incœptis.

Version.

Nous devons lire et méditer l'histoire des peuples. Je peux acquérir une réputation honnête. Nous voulons connaître les actions des autres. J'ai résolu de garder les commandemens de Dieu. Allons ensemble nous promener. Venez, mes amis, voir des bagatelles embarrassantes. Les voyageurs sont allés visiter les monumens de la ville d'Athènes. Vous êtes venus pour reconnaître les lieux peu fortifiés. Le voleur s'en alla pour piller les habitans du bourg. Les vieillards et les jeunes gens allaient entendre le discours. Je partirai pour visiter mes parens et mes amis. Nous irons acheter des vivres. Ils viennent pour étudier et pour favoriser les travaux commencés.

DE LATINITÉ.

Prépositions régissant, quoique sous-entendues, l'accusatif ou l'ablatif.

DEVOIRS.

VERSION.

Juno avertit regem Teucrorum Italiâ (ab). Arcebat eos Latio (ab). Dea volutans talia corde (in) flammato. Venit Æoliam (in). Venti, agmine (ab) facto, ruunt. Parentes docuêre me augurium (secundùm). Arrecti animum (secundùm) his dictis. Similis Deo os et humeros (secundùm.) Te duce (sub) Romam (in) perveni. Ille sub-nixus mentum (secundùm) mitrâ. Alloquitur sic Mercurium (ad). Videtur ire viam (per). Regnavit Romulus multos annos (per). Omnis gens epulata novem dies (per). Sepes depasta florem (secundùm) salicti suadebit inire somnum (in). Nuda genu (ad) et collecta nodo sinus fluentes (secundùm). Mater tulit sese obviam silvâ mediâ (in).

CORRIGÉS.

VERSION.

Junon détourna *de* l'Italie le roi des Troyens. Elle les poussait loin *du* Latium. La déesse roulant de telles pensées *dans* son esprit courroucé. Elle vint *en* Eolie. Les vents, *après* un bataillon formé, se précipitent. Mes parens m'enseignèrent la science des augures. L'esprit attentif à ces paroles. Semblable à un dieu *par* la figure et par le port. *Sous* ta conduite, je parvins à Rome. Celui-là ayant une mitre attachée sous le menton. Il parle ainsi *à* Mercure. Il semble aller le *long* du chemin. Romulus régna (pendant) beaucoup d'années. Toute la nation ayant fait des festins (pendant) neuf jours. Une haie broutée, (au moyen de sa fleur de saule) l'invitera à te livrer *au* sommeil. Nue *jusqu'au* genou et retroussée *au moyen* de plis pendans. Sa mère se porta à sa rencontre *au* milieu de la forêt.

FIN.

CHEZ LE MÊME LIBRAIRE.

Traité du Choix et de la Méthode des études, p[ar]
Fleury ; *in-*12.

Traité Elémentaire, *ou* Principes de Traductio[n]
Choix d'exemples propres à donner les moyens [de]
traduire avec élégance et fidélité, par Gourdi[n];
*in-*12.

P. Virgilii Maronis index copiosissimus nec non ce[r]-
tissimus, novo ordine dispositus, vocabula omn[ia]
complectens quæ in Eclogis, Georgicis, Ænei[de]
occurrunt, cæterisque Poematis ipsi vulgò tribut[is].
Edente E. P. Allais; 1825; 1 gros vol. *in-*12, de 8[00]
pages.

Cornélius Nepos, *mot à mot interlinéaire*, lati[n-]
français avec double texte, contenant les vie[s de]
Miltiade, Thémistocle, Aristide, Pausania[s,]
Cimon, Lysandre, Alcibiade, Thrasybule, Di[on,]
Conon, Thimoléon, Timothée, Epaminondas, A[gé]-
silas; *in-*12, 1827.

Epitome Historiæ sacræ, mot à mot *latin-franç*[ais]
interlinéaire, à l'usage des maîtres et des élè[ves,]
par M. Frémont; *in-*12.

Quinte-Curce : morceaux choisis, *traduction lat*[ine]
et française interlinéaire, par M. Frémont ; [à]
l'usage des maîtres et des élèves ; *in-*12.

Virgile : Bucoliques, *latin-français interlinéaire*, [par]
M. Frémont ; *in-*12.

Virgile : Géorgiques, *latin-français interlinéaire* ; [par]
M. Frémont; *in-*12.

Virgile : Enéide, *latin-français interlinéaire*, [par]
M. Frémont ; *in-*12.
——— Premier livre.
——— Deuxième livre.

www.ingramcontent.com/pod-product-compliance
Lightning Source LLC
LaVergne TN
LVHW021746080426
835510LV00010B/1343